HERMANN MEYER ist Partnerschafts- und Schicksalsforscher sowie Autor von zwanzig Büchern. Nach dem Studium der Psychologie und Naturheilkunde widmete er sich der psychosomatischen Forschung und war lange Vorstandsmitglied von IPSE (Psychosomatisches Forschungszentrum). Heute ist er Leiter der Partnership-Academy in Ottobrunn bei München.

www.partnership-academy.com

HERMANN MEYER

Jeder hat die Beziehung, die er verdient

Wie Liebe gelingt

WILHELM HEYNE VERLAG
MÜNCHEN

Der Verlag hat sich bemüht, alle Rechtsinhaber ausfindig zu machen. Leider ist dies nicht in allen Fällen gelungen. Gerne kontaktieren Sie uns, damit wir nach verlagsüblichen Standards nachvergüten können.

Haftungsausschluss:
Die Ratschläge in diesem Buch sind vom Autor und vom Verlag sorgfältig erwogen und geprüft. Sie bieten jedoch keinen Ersatz für kompetenten medizinischen Rat. Jede Leserin und jeder Leser ist für sein eigenes Handeln selbst verantwortlich. Alle Angaben in diesem Buch erfolgen daher ohne jegliche Gewährleistung oder Garantie seitens des Autors und des Verlages. Eine Haftung des Autors bzw. des Verlages und seiner Beauftragten für Personen-, Sach- und Vermögensschäden ist ausgeschlossen.

MIX
Papier aus verantwor-
tungsvollen Quellen
FSC® C014496
www.fsc.org

Verlagsgruppe Random House FSC® N001967
Das für dieses Buch verwendete
FSC®-zertifizierte Papier *Salzer Alpin*
liefert Salzer Papier, St. Pölten, Austria.

Originalausgabe 07/2015

Copyright © 2015 by Wilhelm Heyne Verlag, München,
in der Verlagsgruppe Random House GmbH
Printed in Germany 2015
Redaktion: Angela Stangl
Umschlaggestaltung und Motiv: yellowfarm GmbH,
Stefanie Freischem unter Verwendung eines Motivs
von © plainpicture/Tine Butter und © shutterstock/ori-artiste
Satz: Schaber Datentechnik, Wels
Druck und Bindung: GGP Media GmbH, Pößneck

ISBN: 978-3-453-60350-9

www.heyne.de

Inhaltsverzeichnis

Vorwort:
Die Wissenschaft von der Partnerschaft

Wer wünscht sich das nicht – eine Partnerschaft, die erfüllt ist von liebevoller Zärtlichkeit, prickelnder Erotik, leidenschaftlichem Sex, materieller und seelischer Sicherheit sowie geistigen Abenteuern? Und dennoch gelingt es den wenigsten von uns, eine glückliche Partnerschaft zu führen. Woran liegt das?

Die meisten von uns sind überzeugt, dass eine schöne und erfüllende Beziehung einem Geschenk gleicht, das einem von der Glücksgöttin Fortuna zugeteilt wird.

Ich möchte in diesem Buch zeigen, dass das Gegenteil der Fall ist: Eine gelingende Beziehung kann von jedem Einzelnen selbst erwirkt beziehungsweise verdient werden.

Denn jeder ist seines Glückes Schmied, und das gilt auch und besonders für das Glück in der Liebe. Dafür ist es notwendig, sich ins Bewusstsein zu bringen, was zu tun ist, um dieses Liebesglück zu erreichen. Auch wenn es im Grunde genommen alles ganz einfach erscheint, beachten in der Realität doch die wenigsten die Grundregeln und Gesetzmäßigkeiten einer Partnerschaft. Wir wissen, dass etwa allein häufige zärtliche Umarmungen, abendliches Kuscheln und liebevolle Worte in einer Beziehung viel bewirken können: das Gefühl der Geborgenheit, des Angenommenseins, der Wertschätzung. Häufig müsste nur einer der beiden Partner den Anfang machen, etwas investieren. Und doch warten wir zumeist darauf, dass der andere aktiv wird.

Ähnlich verhält es sich mit dem, was unter dem Aufbau einer Beziehung zu verstehen ist. Viele reden davon, dass sie eine Beziehung aufbauen wollen, aber nur wenige wissen, welche Bausteine bzw. Fähigkeiten hierfür notwendig sind. Ich möchte daher die verborgenen Mechanismen und Gesetzmäßigkeiten beleuchten, die für das Gelingen einer Partnerbeziehung entscheidend sind. Dazu ist es erforderlich, in das weite Feld des Unbewussten vorzudringen, das zu 95 % unser Leben und daher auch unsere Partnerbeziehungen beeinflusst. Wenn wir dieses Unbewusste betrachten und alles, was mit ihm verbunden ist, kristallisiert sich eine eigene Wissenschaft heraus: die Wissenschaft von der Partnerschaft. Freilich kann diese Wissenschaft nicht den Anspruch erheben, im Sinne der Naturwissenschaften wissenschaftlich zu sein. Dies ist nicht möglich, weil das Unbewusste nicht nach naturwissenschaftlichen Kriterien wie Zählbarkeit, Messbarkeit oder Wägbarkeit bewertet werden kann. Und dennoch folgt auch das Unbewusste Gesetzen und Mechanismen mit deren Hilfe man viel über die Funktionsweisen gelingender und scheiternder Partnerschaften lernen kann.

Hier gibt es so vieles, was von allgemeinem Interesse ist, so vieles, das herauszufinden für Mann und Frau und deren Zusammenleben fruchtbar und für die seelisch-geistige Evolution von unschätzbarem Wert ist. Und was dem Einzelnen sehr viel Leid ersparen kann.

Die Wissenschaft von der Partnerschaft ist keine in sich abgeschlossene Wissenschaft, vielmehr kommen in ihr die Erkenntnisse einer Reihe anderer Wissenschaften zum Tragen: Erkenntnisse aus der Biologie, der Medizin, der Ökologie, der Psychologie, der Soziologie usw.

Dieses Buch soll zu einer Wissenschaft von der Partnerschaft beitragen. Denn es gilt, die vorherrschende Unwissenheit und Unbedarftheit zu durchbrechen und etwas mehr Licht in das Dunkel zu bringen!

Es geht hier darum, Antworten auf folgende Fragen zu finden: Wo muss Verdrängtes bewusst werden, damit eine bessere Ausgangsbasis für die Beziehung besteht? Wo liegt eine Unausgewogenheit in der Beziehung vor? Wo stimmt die Waage nicht, weil einer mehr in die Beziehung investiert als der andere? Wo ist eine falsche Glaubenshaltung hinderlich? Wann heißt es, eine Projektion zurückzunehmen? Wo müssen alte Normen und Ideale hinterfragt werden? Wo muss eine Hemmung oder Angst überwunden werden? Wo gilt es, einen anderen Blickwinkel einzunehmen oder einen anderen Pol zu integrieren? Welche Anlage oder Fähigkeit sollte ausgebildet werden, um für mehr Freude in der Beziehung zu sorgen?

Sind Schwierigkeiten aufgetaucht, weil man sich zu sehr nach dem Mainstream richtete und nicht auf die jeweilige Individualität der Partner geachtet hat? Wann heißt es Verständnis für die Eigenart des Partners bzw. für die Eigenarten des anderen Geschlechts aufzubringen?

Wo gilt es, sich durchzusetzen, wo sich abzugrenzen, wo sich zurückzunehmen?

Wann ist es notwendig, professionelle Hilfe in Anspruch zu nehmen? Wann genügt ein Coaching und wann ist eine Psychotherapie angezeigt?

Diese und andere Fragen werden oft viel zu wenig in einer Beziehung thematisiert. Dadurch würde erkannt werden, dass man keineswegs dem Lauf der Dinge ausgeliefert sein muss, sondern dass jeder Partner sehr viel zum Gelingen der Beziehung beitragen kann. Ja, dass es eine Fülle an Möglichkeiten gibt, durch strategische und taktische Manöver das Partnerschaftsschiff auf Kurs zu bringen.

München, 7. 5. 2015 *Hermann Meyer*

ERSTER TEIL

Denkvoraussetzungen

*»Der Anteil des Unbewussten in unseren Handlungen
ist ungeheuer und der Anteil der Vernunft sehr klein.«*

GUSTAVE LE BON

Die vier Arten des Unbewussten

Das animalische Unbewusste

Das Unbewusste beeinflusst – wie schon Sigmund Freud
feststellte – zu 95 Prozent unser Fühlen, Denken, Handeln
und Verhalten. Es gibt vier Arten des Unbewussten. Das »animalische Unbewusste«, das aufgrund der Verleugnung und
Verdrängung der ursprünglich animalischen Natur des Menschen entstanden ist, beeinflusst zu einem großen Teil unser
Leben. Im Grunde genommen gelingt es keinem Menschen
auf Dauer, seine animalische Natur zu unterdrücken. Insofern besteht immer eine Diskrepanz zwischen dem kulturel-
len, von seiner eigenen Natur entfremdeten Menschen und
dem Säugetier Mensch, das er vor sich selbst und anderen
zu verbergen sucht. Er spielt die Rolle des aktiven, etablierten,
intelligenten, informierten, mobilen, coolen, bescheidenen,
unternehmungslustigen, sorgfältigen, fleißigen, arbeitsamen,
harmonischen, friedliebenden, beziehungsfähigen, edlen, ver-
antwortungsvollen, unabhängigen und angstfreien Bürgers
und ahnt oft nicht im Geringsten, was da im Untergrund für
Kräfte und Energien brodeln.

Das kollektive Unbewusste

Nach C. G. Jung ruht das persönliche Unbewusste auf einer tieferen Bewusstseinsschicht, die nicht der persönlichen Erfahrung und Erwerbung entstammt, sondern angeboren ist. Diese tiefere Schicht nennt er das kollektive Unbewusste, dessen Inhalte und Verhaltensweisen im Gegensatz zur persönlichen Psyche überall und in allen Individuen mehr oder weniger gleich sind. Das kollektive Unbewusste enthält die Gesamtheit aller Grundstrukturen menschlicher Vorstellungs- und Handlungsmuster als Niederschlag allgemein-menschlicher Erfahrungen. Aus diesem Grund birgt das kollektive Unbewusste ein Reservoir an Möglichkeiten für neue Schöpfungen und Erfindungen.

Das persönliche Unbewusste

Das persönliche Unbewusste wird von Eltern, Umwelt, Kultur und Zeitepoche geprägt. In dieser Küche wird sozusagen das Schicksal des Einzelnen »gebraut«. Es beinhaltet all unsere Defizite, Traumata, Verdrängungen, Konflikte, Gefühlsraster, Reaktionsmuster und Glaubenshaltungen. Ein Mensch, der in seinem Fühlen, Denken und Handeln primär von diesen unbewussten Bestrebungen beeinflusst wird, lässt sich von außen nicht mehr korrigieren. Sollte jemand dies versuchen, wird sein Abwehrsystem aktiviert und er leistet Widerstand.

Das persönliche Unbewusste übt eine unglaubliche Macht aus – es bestimmt die Wahl der Wohngegend bzw. der Wohnung, die Wahl des Berufes, der Firma oder Institution, in der man arbeitet, der Kollegen und Freunde und natürlich spielt es auch eine entscheidende Rolle bei der Partnerwahl.

Der Volksmund sagt: »Alles kommt so wie es einem bestimmt ist.« Doch es ist einem nicht von einer außerirdischen Macht oder von der Transzendenz bestimmt, sondern vom eigenen Unbewussten. Dieses ist sehr kreativ im Inszenieren von Krankheiten, von Ereignissen und Situationen aller Art. Man wird von ihm gelebt, und es ist einem kaum möglich, selbst kreativ und schöpferisch das eigene Leben zu gestalten. Oder anders ausgedrückt: Als Kind suchen wir nach Liebe, Zuwendung und Anerkennung. Wir tun alles, um im Familienverband überleben zu können. Um dies zu erreichen, bildet das Unbewusste verschiedene Strategien und Wege aus. Aber viele dieser Wege, bzw. die Art und Weise, wie man das erreichen will (z. B. über Machtstreben, seelische Erpressung ect.) sind für das eigene Umfeld meist nicht so angenehm, manchmal sogar destruktiv. Ungünstiges Schicksal entsteht, wenn man als Erwachsener die (Überlebens-) Strategien beibehält, die man als Kind eingesetzt hat. Man befindet sich noch in der Vergangenheit, ist in der Gegenwart noch nicht angekommen.

Daraus folgt der sogenannte Wiederholungszwang, eine Eigenart des persönlichen Unbewussten. Er bewirkt, dass seelische Schmerzen, Traumata, Stimmungslagen, Glaubenshaltungen und Reaktionsmuster ständig wiederholt werden. Dies ist auch der Grund dafür, dass manche Menschen scheinbar kein Glück in Beziehungen haben. So kann es sein, dass jemand immer wieder nur an Partner gerät, die ihn auf ähnliche Art seelisch verletzen wie sein Vater oder seine Mutter dies getan hat. Aber auch wenn ein Mensch immer wieder dominante, süchtige, lieblose oder verantwortungslose Partner anzieht, liegt ein Wiederholungszwang vor.

Eric Berne, der Begründer der Transaktionsanalyse, spricht in diesem Zusammenhang von einem Skript: »Ein Skript ist ein fortlaufender Lebensplan, der sich unter starkem elterlichem Einfluss in der frühen Kindheit herausgebildet hat. Dieses Skript stellt jene psychologische Kraft dar, die den Menschen seinem Schicksal zutreibt – mag er es nun bekämpfen, oder mag er behaupten, es handele sich um seinen eigenen freien Willen.« Von Berne stammt auch die Analogie des elektrischen Klaviers: »Jeder sitzt am elektrischen Klavier, seine Finger gleiten über die Tasten. Die Spielrolle, schon zu Zeiten seiner Vorfahren ausgestanzt, dreht sich langsam, während er spielt. Die Musik erklingt in einer Form, auf die er selbst keinen Einfluss hat – manchmal melancholisch, manchmal fröhlich, mal schrill und misstönend und dann wieder voller Melodie. Er lebt in der Illusion, die Musik sei seine eigene, und dafür führt er seinen Körper als Zeugen an, der von dem stundenlangen und tagelangen Klavierspielen allmählich ermüdet. Während der Pausen erhebt er sich manchmal, um den Beifall oder die Buh-Rufe von seinen Freunden und Verwandten entgegenzunehmen, die ebenfalls glauben, er spiele seine eigenen Klänge.«

Unter dem Einfluss eines unbewussten Lebensplans oder Skripts steht also jemand, dessen Leben unumkehrbar nach einem Programm abläuft. Dieses bestimmt das individuelle Verhalten in allen wichtigen Bereichen: Beruf, Liebe, Ehe, Elternschaft. Vergleicht man das Leben mit einem Theater, bildet im Allgemeinen das Familienleben die Bühne und damit den Hintergrund und die Atmosphäre zur Gestaltung des Lebensplans. Schon als Kinder erleben wir in manchen Familienmitgliedern Vorbilder, in anderen typische Vertreter des »Guten« oder »Bösen«. Die Kulissen bestehen aus den Räumen des Hauses, in dem das Kind aufwächst, oder aus seiner näheren Umgebung.

Dem Ganzen wohnt eine eigenartige Paradoxie inne. Denn obwohl mit dem persönlichen Unbewussten nicht zu spaßen ist und damit eine fast unheimlich wirkende Determination verbunden ist, darf man es eigentlich nicht ernst nehmen. Für das eigene Leben bedeutet das, dass man es nicht persönlich nehmen darf,

- wenn man Intrigen ausgesetzt ist
- wenn man ausgestoßen wird,
- wenn man nicht anerkannt wird,
- wenn man sich zurückgesetzt fühlt,
- wenn man nicht wertgeschätzt wird,
- wenn andere unfreundlich zu einem sind,
- wenn man entwertet wird,
- wenn sich der Partner nicht zu einem bekennt,
- wenn der Partner eine Nebenbeziehung unterhält,
- wenn man vom Partner verlassen wird.

In all diesen Fällen handelt mein »Ich« immer noch aus den frühkindlichen Prägungen heraus. Es reagiert zudem ständig auch auf die aus der Kindheit stammenden Drehbücher der anderen, die ebenfalls nichts mit dem Hier und Jetzt zu tun haben. Ich befinde mich also nur in meinem Film bzw. Theaterstück, während ich selbst gar nicht gemeint bin. Auch wenn ich als Kind z. B. unerwünscht war, bin ich nicht gezwungen, diese Gefühle immer wieder zu reproduzieren, muss mein Unbewusstes nicht immer wieder Szenen schaffen, damit ich mich wieder unerwünscht fühlen kann.

Denn heute bin ich ein erwachsener Mensch, und ich weiß, dass ich erwünscht bin, wenn ich meine Qualitäten einbringe! Und wenn ich dennoch wieder und wieder in solche Situationen gerate, weil das persönliche Unbewusste noch zu wenig entkräftet ist, ist das zwar schmerzhaft, ich kann es aber leichter nehmen, indem ich mir vor Augen halte, dass ich dem entkommen kann, wenn ich mir das bewusst mache.

Selbstverständlich gilt es in diesem Zusammenhang zu prüfen, ob ich nicht bestimmte Anlagen und Fähigkeiten nur deshalb nicht entwickelt habe, um auch weiterhin unerwünscht zu sein. Oder ob ich ein Fehlverhalten an den Tag lege, nur damit ich bei meinen Mitmenschen nicht willkommen bin.

Oft ist die Abwehr dagegen, Anlagen auszubilden, an jenen Stellen besonders groß, die unsere wunden Punkte darstellen. Es kann also sein, dass ich mich weigere, mich weiterzuentwickeln, um sicherzustellen, dass ich bei anderen auch weiterhin unerwünscht bin. Denn auf diese Weise kann ich meine alten Gefühle und Verletzungen immer wieder neu erleben.

Es ist die Frage zu klären: Interpretiere ich eine Situation auf eine bestimmte Weise, damit ich wieder dieselben Gefühle wie früher erleben kann? Oder ist es wirklich so, dass ich unerwünscht bin? Selbst wenn Letzteres der Fall ist und ich wirklich unerwünscht bin, kann ich mir bewusst machen, dass dieses Unerwünschtsein nicht die Wirklichkeit ist: Denn im Grunde inszeniere ich diese Situation ja nur unbewusst, weil ich z. B. mein Fehlverhalten nicht ablegen will. Denn wahr ist auch, dass mein innerer Wesenskern, meine wirkliche Natur, immer erwünscht ist.

Zu erkennen, dass die Szenen des eigenen Lebens nur einem Theaterstück gleichen und die Wirklichkeit ganz woanders zu finden ist, ist eine große Erleichterung. Der Schlüssel dazu liegt in meiner inneren Entwicklung: Ich muss mich zunächst vom unbewussten zum bewussten Schauspieler entwickeln und schließlich zum Zuschauer dieses Theaterstücks werden, der nach der Vorstellung wieder in die Wirklichkeit zurückkehrt.

Das individuelle Unbewusste

Das individuelle Unbewusste ist jener Teil unseres Unbewussten, der einen Zugang zu unserem wahren Selbst, zu unserer wahren Natur und somit zur Stimme des Lebens, zu den ewigen Wahrheiten hat.

Hier sind auch der sogenannte gesunde Menschenverstand, der Logos und die wahre Vernunft zu Hause, die nicht der Manipulation durch eine politische Ideologie oder dem Mainstream unterliegen. Schöpferische Menschen können dieses individuelle Unbewusste genauso wie das kollektive Unbewusste anzapfen und daraus ihre Ideen für neue Projekte und Erfindungen beziehen.

Hier gelingt es, selbst kreativ zu sein und nicht mehr ersatzweise das persönliche Unbewusste, das oft – wie wir an der Analogie des elektrischen Klaviers gesehen haben – eigenartige Wege geht, für einen kreativ werden zu lassen.

Das individuelle Unbewusste stellt gewissermaßen die Synthese aus den kollektiven Erfahrungen (dem kollektiven Unbewussten) und den eigenen Erfahrungen (dem persönlichen Unbewussten) dar. Das individuelle Unbewusste ist das, wodurch ich mich vom Kollektiv unterscheide bzw. ihm entwachsen bin. Hier besteht die Möglichkeit, dass ich etwas **eigenes** entwickle, und das auf allen Lebensgebieten – eine seelische Eigenart, einen eigenen Geschmack, eine eigene Meinung, eine eigene Lebensphilosophie, eine eigene Art der Freizeitgestaltung ...

Etwas eigenes jenseits von Überlieferung, Mainstream und Mode zu entwickeln ist gleichbedeutend mit dem Vollzug des sogenannten **Individuationsprozesses**.

War man vorher gewissermaßen nur ein Sprachrohr der Ahnen, der Norm, von Moral und Konvention, steht man jetzt zu sich selbst und zu dem, was einen vom anderen unterscheidet. Das individuelle Unbewusste beinhaltet auch die **seelischen Selbstheilungskräfte**. Solange etwas unbewusst ist, verrichten die seelischen Selbstheilungskräfte ihre Arbeit still und leise im Hintergrund. Unmerklich versuchen sie – wie die Selbstheilungskräfte auf der körperlichen Ebene –, den Einzelnen wieder ins Gleichgewicht zu bringen.

> Hier wird deutlich, dass viele negative Ereignisse im Leben, die uns ereilen, Inszenierungen des Unbewussten sind, um die angestrebte Harmonie wieder zu erreichen.

Ein solches Ereignis wird meist nicht als Ausgleichsversuch bzw. Gesundungsprozess und auch nicht als Gleichnis und als Aufforderung gesehen, den Ursachen auf den Grund zu gehen und sie dann abzustellen, sondern als mehr oder weniger schlimmes Übel, das es einfach zu akzeptieren gilt. Während wir also glauben, dass erst das Schicksalsereignis uns aus dem Gleichgewicht geraten ließ, ist es in Wirklichkeit der Versuch, uns in eine Balance zu bringen.

Auf einen Nenner gebracht heißt das: Wer Angst vor dem Schicksal hat, hat Angst vor dem Versuch seines Unbewussten, seine Einseitigkeit (die Fixierung auf einen Pol in einer an sich bipolaren Welt), seine Mängel und Defizite auszugleichen. Es geht also darum, die Selbstheilungskräfte der Psyche ins Bewusstsein zu hieven und sie nicht mehr autonom und automatisch wirken zu lassen. Stattdessen gilt es dem Schicksal vorzubeugen und bewusst bereits im Vorfeld eine Integration des Gegenpols zu vollziehen.

Im individuellen Unbewussten liegt also die große Chance, zur **Wirklichkeit** vorzustoßen: herauszufinden, wer und wie man selbst ist, wer und wie der Partner tickt und wie die Mitmenschen wirklich sind. Hier besteht die einzigartige Möglichkeit, durch Bewusstmachung von unbewussten Inhalten (wie die Realität ist, was die innere Stimme der Natur und was der Logos sagt sowie wie die Lebensgesetze lauten) eine Anziehung von ungünstigem Schicksal zu vermeiden. Die **Vermeidung** ist der erste Schritt in die Wirklichkeit. Und es gelingt im Laufe der Zeit, d. h. im Zuge der Bewusstmachung, immer besser, die eigene Determination zu reduzieren und zu einer freien Wahl zu kommen.

Vorher hatte ich keine Wahl. Vorher musste ich – ob ich wollte oder nicht – die Rolle spielen, die von mir verlangt wurde. Jetzt erst sehe ich, dass es noch andere Möglichkeiten des Fühlens, Denkens und Verhaltens gibt. Ich kann mich auch anders entscheiden, kann auch anders leben, als das alte Programm es vorsieht.

Damit verbunden ist auch, dass die Partnerwahl nicht mehr dem Schicksalszwang unterliegt, sondern, dass es wirklich möglich wird, frei unter verschiedenen Partnern zu wählen.

> Je mehr das individuelle Unbewusste ins Bewusstsein gebracht wird und sein Einfluss an Stärke gewinnt, desto schwächer wird der Einfluss der deterministischen Kräfte bzw. Prägungen, die aus dem persönlichen Unbewussten erfolgen.

Johann Wolfgang von Goethe drückt dies so aus:

»Ich glaube, dass wir einen Funken jenen ewigen Lichts in uns tragen, das im Grunde des Seins leuchten muss und welches unsere schwachen Sinne nur von Ferne ahnen können. Diesen Funken in uns zur Flamme werden zu lassen und das Göttliche in uns zu verwirklichen ist unsere höchste Pflicht.«

Das Wissen um das individuelle Unbewusste hat für eine mögliche Neugestaltung einer Partnerschaft eine eminent wichtige Bedeutung. Zum einen, weil dadurch mehr die Wirklichkeit gesehen werden kann bzw. eine andere Einstellung dem Partner gegenüber besteht und zum anderen, weil hier deutlich wird, dass pauschale Beziehungsformen sich immer ungünstig auf die beiden beteiligten Individuen auswirken. Daraus folgt, dass die Chance, eine eigene tragfähige Beziehung aufzubauen, steigt, wenn jeder Partner auf verschiedenen Lebensfeldern etwas eigenes entwickeln darf und daraus etwas Gemeinsames entstehen kann. Z. B. kann jeder einen eigenen Lebensstil pflegen, aber die beiden Partner haben zusammen auch einen gemeinsamen, einen paarspezifischen Lebensstil. Damit gilt die Gleichung $1 + 1 = 3$. Jeder bleibt Individuum, gewinnt aber auch noch eine gewaltige Dimension dazu, nämlich die Power, die aus dem Leben der Gemeinsamkeit resultiert.

»Das Zusammentreffen zweier Persönlichkeiten ist wie der Kontakt zweier chemischer Substanzen: Wenn es irgendeine Reaktion gibt, verwandeln sich beide.«

CARL GUSTAV JUNG

Die sechs Bilder in der Psyche des Mannes und der Frau

Doris Bischof-Köhler schreibt in ihrem Buch »Von Natur aus anders«: »Auch heute noch wird immer wieder die Meinung vertreten, geschlechtstypische Verhaltensunterschiede seien ausschließlich sozio-kulturell bedingt. Von einer Gleichbehandlung der Geschlechter erwartet man sich demgemäß eine Nivellierung solcher Unterschiede. Diese Position lässt sich angesichts der empirischen Evidenz aber nicht aufrechterhalten. Will man Geschlechtsunterschiede angemessen erklären, kommt man nicht umhin, auch Anlagefaktoren einzubeziehen. Es ist evolutionsbiologisch begründet, warum sich die Geschlechter bereits von Natur aus im Verhalten unterscheiden.« Solche Unterschiede fanden auch Anne Moir und David Jessel: »Die Geschlechter sind nicht zuletzt deshalb verschieden, weil ihre Gehirne verschieden sind. Das Gehirn, unser wichtigstes Organ, das unsere sämtlichen Körper- und Sinnesfunktionen und unsere Emotionen steuert, ist bei Männern und Frauen unterschiedlich aufgebaut. Es verarbeitet Informationen auf unterschiedliche Weise, was zu unterschiedlichen Wahrnehmungen, Prioritäten und Verhaltensweisen führt. Und gerade diese großen Unterschiede zwischen Mann und Frau sind es, auf denen die Anziehung und die Faszination beruhen, die die Geschlechter aufeinander ausüben.«

Zum Basiswissen für das Gelingen einer Beziehung gehören sechs Bilder, die in der Psyche des Mannes und in der Psyche der Frau beheimatet sind. Sie beeinflussen die Partnerwahl und den Verlauf einer Beziehung so stark, dass für bewusste Entscheidungen nur wenig Platz ist. Was sind das für Bilder?

Das Urbild des Mannes und das Urbild der Frau

Das Urbild des Mannes und das Urbild der Frau entspringen aus dem animalischen Unbewussten. Man spricht in solchen Fällen von einem »archaischen Beuteschema«; das auf den Kriterien beruht, nach denen früher Partner ausgewählt wurden. Es stammt aus der Steinzeit, ist aber als unbewusste Prägung in jedem von uns nach wie vor wirksam.

Stefan Woinoff schreibt hierzu in seinem Buch »Erweitern Sie Ihr Beuteschema«: »Damals fielen die körperliche Größe und der Status des Mannes praktisch zusammen: Ein großer, starker Mann hatte einen hohen Status in der Sippe und Frauen, die sich einen solchen ›überlegenen‹ Mann angeln konnten, hatten bessere Chancen, ihre Kinder durchzubringen.«

Männer hingegen tendieren aufgrund des archaischen Beuteschemas besonders zu Frauen mit einer »Sanduhrfigur«. Denn solche Frauen signalisieren dem Mann Fruchtbarkeit und Gebärfreudigkeit.

Das subjektive Bild aufgrund
der individuellen Prägung

Die Mutter ist die erste Frau im Leben eines Mannes, der Vater der erste Mann im Leben einer Frau. Das subjektive Bild, das wir uns von der Mutter bzw. vom Vater in der Kindheit gemacht haben, beeinflusst das eigene Frauen- bzw. Männerbild, mit dem wir in der Welt die entsprechenden Erfahrungen machen.

Das subjektive Idealbild

Das subjektive Idealbild hat sich aufgrund der Hemmungen und Defizite im eigenen Persönlichkeitssystem quasi als Komplementärbild dazu gebildet. Je stärker die Hemmung und die Frustration, desto stärker wird das Idealbild aufgebläht: Wir wollen dann mit einer einzigen Person – dem Partner oder der Partnerin – all das abdecken, was uns selbst fehlt.

Da viele Menschen eigentlich nur mit ihrem Idealbild vom Partner verheiratet sind, hat es der real existierende Partner an ihrer Seite so schwer. Er muss immer die zweite Geige spielen, wird oft als »fauler« Kompromiss gesehen und ist nur geduldet. So kann es ein Mann einer Frau nie recht machen, die ihren Vater zum Ideal erhoben hat, und eine Frau wird das Herz eines Mannes nie gewinnen, der unbewusst noch an seiner Mutter hängt oder der eine Filmschauspielerin oder ein Fotomodell verehrt. Die Schwierigkeit in all diesen Fällen liegt darin, dass das Idealbild dazu verleitet, den real existierenden Partner permanent zu kritisieren, zu maßregeln und zu entwerten. Oft kommt es auch zu Trennungen, weil der Partner nicht dem Idealbild entspricht.

Durch all diese Verhaltensweisen, die auf das Idealbild zurückzuführen sind, entstehen sehr viel Krankheit, Kummer und Leid. Oft werden mit diesem Idealbild ständig potenzielle Partner abgewehrt, was einen großen Mangel an Liebe, Zärtlichkeit und Sexualität in der Welt zur Folge hat. Viele ziehen es sogar vor, jahrelang im Singlestatus zu verharren, anstatt sich auf irgendwelche Kompromisse einzulassen. Sie sagen sich: »Irgendwo auf dieser weiten Welt muss es doch den Partner geben, der für mich bestimmt ist.« Sie sind überzeugt, dass auf jeden Topf ein Deckel bzw. zu jedem Schloss ein ganz bestimmter Schlüssel passt. Sie warten oft ein Leben lang auf den Richtigen oder die Richtige und sind voller Groll über die Partner in ihrer Vergangenheit, die nicht ihr Ideal erfüllt haben.

Das Bild des Partners in der Sexualfantasie

Das Bild des Partners in der Sexualfantasie unterscheidet sich meist von dem Idealbild, das das Unbewusste kreiert hat, um einen Ausgleich zu schaffen. Man will nicht unbedingt mit dem Sexualfantasie-Partner durchs Leben gehen. Das eine ist das Idealbild fürs Leben, das andere das Idealbild fürs Bett.

Der Partner in der Sexualfantasie ist das Ausgleichsbild für die mangelnde Bedürfnisstillung auf sexuellem Gebiet, für sämtliche innere und äußere Blockaden, die einer Befriedigung entgegenstehen. Viele Frauen warten Zeit ihres Lebens auf den Idealpartner (siehe Punkt 3) und verwehren sich in der Folge potenziellen Partnern oder sie haben aus verschiedenen Gründen (z. B. aufgrund eines inneren Verbots) kein so starkes Bedürfnis nach Sexualität, wie dies beim männlichen Geschlecht häufig der Fall ist. Der daraus entstehende Mangel an realen sexuellen Gelegenheiten treibt Millionen Männer dazu, ständig nach erotischen Bildern von Frauen Ausschau zu halten. Durch das Internet und die ständige Verfügbarkeit solcher Bilder kann diese Suche nach erotischen Bildern sogar zur Sucht werden.

Das Bild vom wahren Partner in einem selbst

Jeder beherbergt den wahren Partner in sich selbst.

Das Bild, das wir vom wahren Partner in uns tragen, resultiert aus dem individuellen Unbewussten: Jeder kann nur für sich selbst der wahre Partner sein!

Dieser wahre Partner in mir unterscheidet sich grundlegend vom Idealbild des Partners. Die Frage, wie ich mir selbst ein guter Partner sein kann, lässt sich ganz einfach beantworten: Indem ich mich selbst ausgleiche. Indem ich alles selbst ausbilde und verwirkliche, was ich sonst von meinem Partner erwarten würde.

Das subjektive Bild vom eigenen Partner

Der Partner wird hier nicht so wahrgenommen, wie er wirklich ist. Vor allem sind es die Prägungen aus der Vergangenheit, das subjektive Bild von Vater bzw. Mutter und das Idealbild vom Partner, das die eigene Sichtweise so verzerrt.

Hinzu kommt noch, dass jeder Mensch, je nachdem, mit wem er in Beziehung tritt, unterschiedliche Reaktionen und Verhaltensweisen auslöst. So kann eine Frau in einem Mann den zärtlichen Liebhaber aktivieren, während eine andere in ihm den notorischen Nörgler weckt.

Anders als die Bilder, die wir uns von ihm machen, entzieht sich der real existierende Partner dem bewussten Erkennen. Erst nach Abbau der eigenen Verblendungen durch die verschiedenen Bilder wird sein wahres Wesen evident.

Vom unbewussten zum bewussten Paar

Kein Mann denkt sich, während er sich bei der Hochzeitszeremonie zu seiner Frau bekennt: »Diese Frau wird zu meinem seelischen Schuttabladeplatz, diese Frau mache ich fertig!« Und keine Frau denkt sich, während sie ihr Jawort bei der Hochzeit haucht: »Diesen Mann werde ich psychisch kastrieren und ihn zu einem ›Loser‹ machen!«

Und trotzdem – obwohl beide Partner im Allgemeinen guten Willens sind, kommt es im Laufe der Zeit immer öfter zu Unstimmigkeiten, zu Streit und schließlich zu Aggression und Hass.

Wie ist das möglich? Warum wächst man nicht mehr und mehr zusammen? Warum erreicht man nicht das, was sich fast alle Paare wünschen: dass man gemeinsam stärker ist als als Einzelwesen, dass man zusammenhält, dass man zusammen mehr im Leben erreichen kann, dass man miteinander mehr Geborgenheit, mehr Lebensfreude und Glück erlebt?

Die meisten Menschen glauben, dass nur ihr Partner schuld ist, wenn die Beziehung nicht gelingt. Sie argumentieren: »Ich war guten Willens, aber mein Partner hat nicht mitgespielt, mit ihm war es nicht möglich, eine gute Beziehung aufzubauen.« Wenn man dann die Betreffenden fragt, wie denn der Aufbau einer solch guten Beziehung gelingen soll, wissen die wenigsten eine Antwort.

Kurzum: In der Regel kennen wir weder die wahren Ursachen dafür, warum eine Partnerschaft gescheitert ist, noch wissen wir, wie der konstruktive Aufbau einer Beziehung aussehen könnte.

Woher sollen wir das auch wissen, wenn unsere Vorfahren fast nie über solche Themen reflektiert haben, es auch in der Schule kein Fach »Partner- und Beziehungsfähigkeit« gab und gibt, und vor allen Dingen, wenn wir uns keine Gedanken über das Unbewusste machen, obwohl unser ganzes Leben fast ausschließlich von ihm gesteuert wird?

Sagen wir es rundheraus: Zwei Menschen, die zusammen ein Paar bilden, sind gewöhnlich all ihren unbewussten Mechanismen und Programmen ausgeliefert. Sie sind zum größten Teil nur Marionetten ihres Unbewussten, d. h. ihrer unbewussten Prägungen. Trotzdem sind sie der festen Überzeugung, dass all ihre Entscheidungen und Reaktionen bewusst erfolgen. Sie wissen nicht, dass ihr Unbewusstes der Regisseur ihres eigenen Theaterstücks ist und auch das Drehbuch für ihre Partnerbeziehung schreibt, die für das Glück und Unglück in unserem Leben eine so große Rolle spielt. Wenn diese zwei Menschen nicht länger nur unbewusste Schauspieler in einem Film sein wollen, dessen Drehbuch sie nicht kennen, bleibt ihnen nichts anderes übrig, als sich mit diesen unbewussten Prägungen und Gesetzmäßigkeiten zu befassen.

Dabei geht es darum zu erkennen, welchen Einfluss Vater, Mutter und Geschwister hatten, wie die Eltern ihre jeweilige Geschlechterrolle definiert und ausgedrückt haben, was Milieu, Kultur und Zeitepoche bewirkt haben. Wichtige Fragen, um dies klären zu können sind: In welche Rolle bin ich gedrängt worden, und was sollte ich für meine Eltern sein? Welche Traumata habe ich erlebt? Welche seelischen Wunden und Schmerzen habe ich? Welche Anlage entwickle ich unbewusst nur deshalb nicht, damit ich meine »Lieblingsgefühle« und mein altes Schicksal beibehalten kann? Wo wurden im Elternhaus Anlagen und Lebensthemen unterdrückt, tabuisiert, ignoriert, verdrängt, entwertet, aufs Podest gehoben, dogmatisiert oder verherrlicht? Was habe ich von meinen Eltern übernommen, wo hat sich bei mir lediglich ein Reaktionsmuster gebildet und wo hat sich eine Antihaltung bzw. ein Gegenbild herauskristallisiert?

Von großer Bedeutung ist auch das Milieu, aus dem der Einzelne stammt. Es macht einen großen Unterschied, ob er z. B. aus der mittleren Unterschicht oder aus der oberen Mittelschicht kommt. Jede Schicht hat ihre eigene Sprache, ihren eigenen Lebensstil, ihre eigenen Signale und Statussymbole, ihre eigenen Gefühls- und Denkmuster, ihre eigenen Rollenspiele, sowie ihre eigenen Handlungs- und Verhaltensmuster usw.

Die schichtspezifische Prägung ist bei vielen Menschen so effektvoll und dabei so unmerklich geschehen, dass sie Zeit ihres Lebens der Täuschung erliegen, sie hätten wirklich eine eigene Art zu fühlen, zu denken und zu handeln entwickelt. In Wirklichkeit wiederholen sie ständig nur die in ihrem Milieu jeweils vorherrschenden Einstellungen und Meinungen. Würden sie einer anderen Schicht angehören, lebten sie womöglich völlig andere Formen aus. Ein Mensch, der rebellische Komponenten aufweist, würde vielleicht in der unteren Unterschicht besonders durch Auflehnung und Widerstand gegenüber Autoritätspersonen auffallen, während er in der Bildungsoberschicht eher geistigen Widerstand leisten würde, etwa durch umstürzlerische Ideen.

Um Missverständnissen vorzubeugen: Die Auslebensform seiner Anlage wird nicht allein durch das Milieu bestimmt, sondern auch durch seine persönliche seelisch-geistige Entwicklung. Die Zugehörigkeit zu einer höheren sozialen Schicht ist für den Einzelnen dabei nicht unbedingt von Vorteil. Zum Beispiel werden in der Unterschicht oft die Gefühle direkt und unverblümt ausgedrückt, was mit einem seelischen Reinigungsprozess verbunden sein kann, wohingegen in anderen Schichten negative Gefühle wie Aggression, Hass oder Wut weniger offen geäußert werden dürfen und sich daher andere Kanäle suchen müssen.

Aus all dem bisher Gesagten wird deutlich, wie wichtig es ist, dass beide Partner erkennen, was da in ihrem Unbewussten für Kräfte, für Sabotagemechanismus, für Machtgelüste, Aggressionen, ungünstige Gefühlsraster und falsche Glaubenshaltungen wohnen.

Ferner gilt es auch noch zu bedenken, dass jeder Mensch auf einer unbewussten Ebene seinen animalischen Instinkten folgt. Das bedeutet, dass hinter der Maske der Kultur noch ein ganz anderer steckt – womöglich ein mit starkem Revier- und Sexualtrieb ausgestatteter, nach Macht strebender, intoleranter, unanständiger, rebellischer, ängstlicher Chaot.

Weil das so ist, wäre es für ein Paar günstig, wenn jeder seine Maske, die nur aufgesetzte Fassade, ablegt und dem anderen so begegnet, wie er wirklich ist. Erst dadurch entstehen Intimität und Vertrautheit. Jeder hat Verständnis für das Gewordensein des anderen. Die Partner können sich unterstützen im Aufdecken von alten Verhaltensmustern und falschen Glaubenshaltungen. Sie können sich bei der Bewusstwerdung von unbewussten Prägungen helfen, können mit dem Partner darüber sprechen, können mit ihm – wenn sie schon weiter in diesem Bewusstwerdungsprozess fortgeschritten sind – über einige Dinge sogar lachen, bei denen sie früher noch emotional gefangen waren und sich in alten Verstrickungen befanden.

Jeder weiß, der Partner meint es gut mit ihm oder ihr, es ist ein gegenseitiges Wohlwollen im wirklichen Sinne vorhanden, jeder lässt sich auf das Abenteuer des Lebens ein. Das Streben nach Perfektion lässt nach, man will nicht dauernd recht haben, will nicht ständig dem Partner beweisen, dass man ein besserer Mensch ist als er. Man gesteht dem Partner Fehler und Unzulänglichkeiten zu und verurteilt ihn nicht für sie.

Das Paar wird zunehmend fähig, sich selbst aus der Vogelperspektive zu betrachten und die Situationen, die in der Beziehung entstehen, wertfrei anzuschauen und zu besprechen. Das bewusste Paar ist schließlich fähig, im Sinne von Marshall B. Rosenberg, dem Begründer der »Gewaltfreien Kommunikation«, miteinander zu kommunizieren.

Viele werden an dieser Stelle einwenden, dass nur ein Paar, bei dem jeder eine psychologische Ausbildung absolviert hat, so etwas erreichen kann. Ich möchte dieser Auffassung widersprechen. Denn wenn beide Partner die aufrichtige Bereitschaft mitbringen, sich selbst und den Partner wesensmäßig wirklich kennenzulernen und wenn beide nicht nur am Fortbestand ihrer Beziehung, sondern auch an mehr Tiefe, Intimität und Vertrautheit interessiert sind, können sie sich auf diesen Weg einlassen, jeder für sich selbst sowie als Paar seelisch-geistig zu wachsen.

Der Weg führt vom unbewussten Paar, das den unbewussten Bestrebungen fast vollends erliegt, zum bewussten Paar, das für die unbewussten Mechanismen Verständnis zeigt und sich diese gegenseitig bewusst macht.

Das bewusste Paar lebt nach dem Spruch von Hafis:

»Wenn jeder alles von dem anderen wüsste,
es würde jeder gerne leicht verzeihen,
es gäbe keinen Stolz mehr, keinen Hochmut.«

Besinnungsfragen zum Thema Unbewusstes

- Woran ist meine letzte Beziehung gescheitert?
- Habe ich eine Vorstellung entwickelt, wie ich zu einem konstruktiven Aufbau einer Beziehung beitragen kann?
- Lasse ich das Säugetier in mir leben oder versuche ich alles, um es zu unterdrücken und zu verdrängen?
- Inwieweit stehe ich unter dem Einfluss des kollektiven Unbewussten?
- Ist mir mein unbewusster Lebensplan (mein Skript) bzw. mein Drehbuch bewusst?
- Welche Rolle spiele ich in diesem Drehbuch, und welche Rolle spielt mein Partner?
- Ist es mir möglich aus der Vogelperspektive das Theaterstück meines Lebens zu betrachten?
- Kann ich dabei mein Drama, mein Lustspiel bzw. meine Seifenoper, Komödie oder Tragödie erkennen?
- Sehe ich dabei die Diskrepanz zur Realität?
- Was ist mir bisher von den ewigen Wahrheiten des Lebens bewusst geworden?
- Bin ich bereits dabei, einen Individuationsprozess zu vollziehen und unterscheide mich auf diese Weise von der Norm?
- Ist mein Partner dazu bereit, mit mir den Weg vom unbewussten zum bewussten Paar zu gehen?
- Bin ich nur mit einem Idealbild vom Partner verheiratet?
- Sehe ich den real existierenden Partner an meiner Seite so, wie er wirklich ist?

ZWEITER TEIL

Bewusstwerdung der inneren Konflikte

»Wenn es gar so dunkel ist in deinem Leben,
sieh doch einmal nach, ob es nicht am Ende daher
kommt, dass all deine Fensterläden zu sind.«

JOHANNES KEPLER

Der richtige Partner ist eine Illusion

Millionen Menschen warten auf den »richtigen« Partner. Sie
hoffen, darauf, dass sie eines Tages vom Schicksal belohnt
werden und durch eine wunderbare Vorsehung diesem einen
Menschen, ihrem Idealbild eines Partners begegnen. Ja, viele
beten sogar zu Gott, dass er ihnen den »Richtigen« senden
möge. Sie glauben fest daran, dass es jemanden gibt, mit
dem sie bis ans Ende aller Tage glücklich sein können. Sie
haben eine genaue Vorstellung davon, wie dieser ideale
Partner aussehen soll, wie er fühlen und denken soll, welche Bildung er aufzuweisen habe, welche Freizeitinteressen
er haben sollte. Sie träumen davon, sagen zu können: Das ist
»mein Mann«! Oder das ist »meine Frau«! Mit diesem Menschen sind sie innig vertraut und voll einverstanden. Er ist
gleichsam ihre andere Hälfte, er ist ihr Pendant im anderen
Geschlecht, er ist ihr Dualgeist.

Das klingt alles wunderschön, doch in der Realität erwirkt
dieser innere Idealpartner, den man überallhin mitnimmt,
fast immer ein negatives Schicksal für einen selbst und für
alle potenziellen Partner. Mögliche Folgen sind:

- Durch den Vergleich mit dem Idealbild werden andere Menschen entwertet. Zum Beispiel erteilen Frauen Männern

eine Abfuhr, weil diese dem Vergleich mit ihrem inneren Idealpartner nicht standhalten. Dadurch entstehen bei den Abgelehnten häufig Gefühle der Wertlosigkeit, des Schmerzes, der Trauer und der Wut.

- Es entwickelt sich Arroganz, weil man glaubt, der eigene hohe Anspruch sei ein Beleg dafür, dass man mehr Niveau als die Bewerber habe. Man denkt, man habe es nicht nötig, sich auf einen Kompromiss einzulassen.
- Es entsteht Einsamkeit bei einem selbst und bei den potenziellen Partnern.
- Wenn man sich herablässt und sich doch mit jemandem liiert, der die Kriterien des Idealpartners nicht erfüllt, besteht die Tendenz, diesen Menschen zu kritisieren oder ihn gar niederzumachen. Meist will man dann den Betreffenden verändern, ihn umformen, um ihn im Laufe der Zeit zum Idealpartner zu machen.
- Man verbringt wertvolle Lebenszeit mit dem Warten auf den »Richtigen« oder die »Richtige« und verwehrt so sich selbst und einem potenziellen Partner schöne Stunden der Zärtlichkeit und der Liebe.
- Man hat Angst, dass – wenn man sich damit begnügt, eine Beziehung mit einem Menschen einzugehen, der unter diesem Idealpartner rangiert – man nicht mehr frei wäre, sobald der oder die »Richtige« die Bühne des eigenen Lebens betritt.
- Aufgrund des Idealbildes wehrt man Entwicklungsschritte ab, die für die eigene Persönlichkeit wichtig wären.
- Das Idealbild disponiert zu Süchten aller Art. Die Sucht dient dazu, die Frustration zu kompensieren, dass man mit dem falschen Partner zusammen ist und der oder die Richtige noch nicht aufgetaucht ist.

Statt der eigentlichen Ursache für die eigene Situation auf den Grund zu gehen, bleibt man auf dem »Bahnhof« Sucht stecken und sucht immer weiter im Nebel oder im Delirium nach dem oder der »Richtigen«.

Die nachfolgenden zehn Punkte sollen aufzeigen, warum die Vorstellung, es gebe den einen Traumpartner oder die eine Traumpartnerin, nichts weiter als eine Illusion ist. Es kann nicht den »richtigen« Partner geben ...

... solange wir nicht wissen, wer wir selbst sind, also dem Orakelspruch von Delphi »Erkenne dich selbst!« noch nicht entsprechen konnten.

... solange wir nicht erkennen können, wer und wie unser Partner wirklich ist, und solange unser Partner selbst nicht weiß, wer er ist.

... solange wir uns der Einsicht verwehren, dass die Welt bipolar ist: Man braucht auf einigen Gebieten einen Partner im anderen Pol zum Ausgleich, z. B. braucht eine Sauberkeitsfanatikerin einen »Schlamper«. Insofern ist der »falsche« Partner immer auch der »richtige«. (Im Kapitel »Bipolare Welt«, S. 133–142 wird dieser Gedanke ausführlich erläutert.)

... solange wir nicht verstehen, dass eine auf der Illusion vom Traumpartner aufbauende Beziehung nur so lange »richtig« ist, wie sich keiner der Partner weiterentwickelt. Selbst, wenn sich nur einer der beiden weiterentwickelt, kommt gewöhnlich das ganze Beziehungsgefüge ins Wanken.

... solange wir nicht erkennen können, dass die Beziehung sofort zu Ende ist, wenn sich jemand weigert, die Rollenzuweisungen seines Partners zu erfüllen bzw. weiter in dessen Lebensfilm oder Theaterstück mitzuspielen oder wenn er die aufgestellten Spielregeln missachtet.

... solange wir nicht wissen, dass es meist sofort zu einer Trennung käme, wenn der Mann seine Sexualfantasien offenbaren würde.

… solange wir nicht akzeptieren, dass der Partner ein eigenes Individuum ist, das man nicht besitzen kann, d. h. das einem nicht gehört. Insofern erübrigen sich Eifersucht sowie jegliche Kontrolle und Überwachung des Partners.

… solange wir uns weigern anzuerkennen, dass jeder Mensch, um in unserer Zivilisation zu überleben, eine Fassade, eine Kulturmaske aufsetzt, die im Widerspruch zu seiner Säugetiernatur steht. Die meisten von uns haben alles, was mit ihrem eigenen positiven Selbstbild oder dem eigenen Ich-Ideal nicht vereinbar ist, ins Unbewusste verdrängt oder auf andere projiziert. Wir wollen damit nichts zu tun haben. Erstaunlicherweise sind viele Menschen davon überzeugt, sie wären tatsächlich so, wie sie sich geben. Zudem halten sie die aufgesetzte Fassade ihrer Mitmenschen für deren wahres Wesen.

Doch hinter der Kulturmaske verstecken sich viele negative Gefühle, die wir zwar mit aller Macht versuchen zu unterdrücken, die sich aber immer wieder Bahn brechen: Aggression, Rivalität, Egoismus, Gier, Reviertrieb, Neid, Hass, Angabe, Geilheit, Machtstreben, Widerstand, Rebellion, Überlegenheit und Ängste. Deshalb passt in einer Partnerschaft oft lediglich eine Maske zu einer anderen. Wer sich jeweils dahinter verbirgt, wird uns meist erst im Laufe der Jahre oder gar Jahrzehnte bewusst. Sagen wir es rundheraus: Gelingende Partnerschaft bedeutet immer auch, das Säugetier im anderen kennenzulernen. Und dazu gehören Konfliktbereitschaft und vor allem Mut.

… solange wir uns nicht eingestehen, dass jeder Mensch das Bedürfnis hat, Chancen beim anderen Geschlecht zu haben, selbst wenn er in einer festen Beziehung lebt.

… solange wir uns nicht bewusst machen, dass die meisten von uns von Mode und Mainstream so stark beeinflusst sind, dass unsere Partnerwahl dadurch entscheidend mitbestimmt wird, d. h. sie erfolgt auch immer nach dem, was gerade »in« ist.

Ob der Partner also hinter all den Masken, Rollen, Modeerscheinungen und Mainstreams, d. h. in seiner wahren Natur, zu einem passt, ist fast nie erkennbar. Hier kommt zudem die Diskrepanz zwischen dem Bewussten und dem Unbewussten zum Tragen. Im Unbewussten passt der Partner, im Bewussten passt er nicht (oder umgekehrt). Aus all dem geht hervor, dass selbst dann, wenn der Partner scheinbar passt, keine dauerhafte Erfüllung möglich ist.

Fazit: Der richtige Partner muss eine Illusion bleiben, weil nicht das Bewusste, sondern das Unbewusste die Partneranziehung bewirkt. Dort gibt es zwar auch einen »richtigen« Partner, aber dieser unterscheidet sich oft grundlegend von dem, den man im Bewussten als den richtigen ansieht.

Man kann also sagen: Nur ein ganz bestimmter Partner ist dazu geeignet, einem Verdrängtes, Unbewusstes und Unerlöstes bewusst zu machen. Über ihn gilt es, spezifische Lernprozesse zu absolvieren, die für einen wichtig sind und die einen in der Persönlichkeitsentwicklung weiterbringen.

Wenn man nichts am Wesen ändert,
ändert sich nichts Wesentliches.

Das innere Team der Frau

In der Psyche einer jeden Frau wohnen zwölf archetypische Personen, die ein Team bilden. Diese inneren Familienmitglieder bzw. Mitarbeiter trägt jede Frau in sich. Es sind folgende Teilpersönlichkeiten, die eine Frau aktivieren kann:

Impulsgeberin (Tatkräftige)
Genießerin
Intellektuelle (Informantin)
Mutter (Versorgerin, Zärtliche)
Managerin (Organisatorin)
Heilerin (Analytikerin)
Erotische Verführerin (Liebhaberin, Geliebte)
Sexuell aktive Frau
Partnerin (z. B. Ehefrau)
Muse (Weise)
Lady
Amazone

Wenn alle zwölf Teilpersönlichkeiten zusammenarbeiten, ergibt dies ein effektives Team, d. h. die betreffende Frau kann alle ihre Trumpfkarten für ihr persönliches Wohl, für das Wohl ihrer Kinder und das ihres Partners einsetzen. Für sie wird dadurch ein interessantes und freudvolles Leben möglich.

Schwieriger hingegen wird es, wenn einzelne Teilpersönlichkeiten nicht aktiviert und ausgebildet sind, wenn sie uneins sind oder sich womöglich gegenseitig bekämpfen.

Während die sieben Persönlichkeitsanteile Impulsgeberin, Genießerin, Intellektuelle, Managerin, Heilerin, Lady und Amazone für ein eigenständiges Leben als Frau notwendig sind, sind für eine Partnerbeziehung, die gelingen soll, vor allem die anderen fünf Persönlichkeitsanteile von entscheidender Bedeutung: die Mutter, die erotische Verführerin, die sexuell aktive Frau, die Partnerin und die Muse.

Wir werden später bei dem Kapitel »Quellen des Glücks« sehen, welch entscheidende Rolle diese fünf Persönlichkeitsanteile bei den Freuden der Zärtlichkeit, der Erotik, der Sexualität, der gegenseitigen Umsorgung und der geistigen Entwicklung spielen. Für die Bewusstwerdung und Lösung der inneren Konflikte ist es aber notwendig, sich zunächst Gedanken zu machen über die leibliche Mutter, die innere Mutter und die wahre Mutter in einem selbst.

Es geht also im Grunde um drei Mütter:

1. Meine real existierende Mutter, so wie sie damals tatsächlich war und so wie sie heute ist.
2. Meine eigene innere Mutter bzw. mein eigenes inneres Mutterbild, d. h. wie meine Mutter, als ich noch ein Kind war, auf mich gewirkt hat, und wie ich auf sie reagiert habe. Wie habe ich als kleines Kind, dessen Urteilsvermögen noch nicht ausgebildet ist und das noch nicht zu einer Objektivität fähig ist, diese Mutter empfunden und erlebt? Welches Mutterbild wohnt aufgrund dessen in meiner Psyche? Welche Gefühlsmuster und Glaubenshaltungen habe ich infolge ihres Einflusses entwickelt? Wie sehr haben diese Prägungen mein heutiges Fühlen und Denken beeinflusst und meine Partneranziehung und den Ver-

lauf meiner Beziehungen bestimmt? War meine Mutter beispielsweise ängstlich, bin ich es entweder auch oder aber ich suche mir unbewusst ängstliche Partner. Wenn die Mutter Schuldgefühle bei mir weckte, kann es sein, dass ich diese als Erwachsener auch bei anderen erwirke oder dass ich vorrangig mit Partnern zusammen bin, die mir Schuld zuweisen.

3. Die wahre Mutter in einem selbst ist die sogenannte archetypische Mutter. Jeder Mensch trägt sie in sich, und sie verkörpert das Mütterliche und Weibliche schlechthin – als Prinzip, als Potenzial, als Fähigkeit, als Qualität. Es ist das Urbild des Weiblichen, das in jeder Frau und in jedem Manne wohnt.

Aufgrund der enormen Wichtigkeit für das eigene Seelenleben wird im Folgenden der Weg von der eigenen inneren Mutter zur wahren Mutter in einem selbst in Form eines Statements bzw. in einer Art Affirmation ausgedrückt werden. Diese Affirmation ist besonders dann bedeutungsvoll, wenn man selbst eine schwierige Mutterbeziehung erlebt hat.

Es geht bei diesem Weg um die Befreiung aus der Prägung, die im persönlichen Unbewussten erfolgt ist, also um eine Befreiung von all den falschen Glaubenshaltungen und Reaktionsmustern, die uns das Leben unnötig schwer machen.

Meine leibliche Mutter

Meine leibliche Mutter ist die äußere Repräsentantin eines inneren Archetyps. Sie hat dieses wahre mütterliche Prinzip auf ihrer Entwicklungs- und Bewusstseinsstufe zu verkörpern versucht. Da niemand perfekt ist, hat sie dies manchmal in einer mangelhaften oder verfälschten Form zum Ausdruck gebracht. Sie hat es gut gemeint, was sie aber damit erwirkt hat, war ihr meist nicht bewusst, da sie die Gesetze des Lebens und des Schicksals nicht kannte.

Ich bin meiner Mutter dankbar, weil sie mich geboren hat, weil sie mich erzogen hat, weil sie für mich mehr oder weniger gut gesorgt hat und einen großen Teil ihrer Lebenszeit für mich eingesetzt hat.

Ich achte meine Mutter, ich treffe mich von Zeit zu Zeit mit ihr, ich lasse aber nicht zu, dass sie mich und mein Leben weiterhin beeinflusst. Ich achte darauf, dass ich nicht in frühere Verhaltensweisen regrediere und im Kontakt mit ihr in alte Reaktionsmuster verfalle. Ich mache meiner Mutter keine Vorwürfe, was sie alles falsch gemacht hat und was ich alles von ihr nicht bekommen habe.

Denn das Entscheidende ist: Sie fungierte als Wegbereiterin zu meiner wahren inneren Mutter. Aufgrund der wahren Mutter in mir kann ich mich von der leiblichen Mutter und von der Prägung, die mit ihr verbunden ist, befreien. Ich kann ganz entspannt loslassen und mich endgültig abnabeln. Wenn ich die wahre Mutter als wertvolle Anlage in mir entdeckt habe und sie selbst lebe, bin ich endlich wirklich erwachsen geworden. Ich kann mich selbst annehmen und strebe nicht mehr unbewusst oder bewusst danach, dass meine leibliche Mutter mich annimmt oder mir Lob zollt.

Die wahre Mutter in mir

In der wahren Mutter in einem selbst sind viele Fähigkeiten und Qualitäten angelegt, die primär aus der »Mutter Natur« resultieren. Was ist damit alles verbunden?

die Mutter Natur in mir
die Mutter der menschlichen Natur in mir

die Mutter der weiblichen Natur in mir
das Urbild des Weiblichen in mir
die wahre Frau in mir
die Versorgerin in mir (für mich selbst)
meine Gefühlswelt
meine innere Stimmungslage
mein wahres Wesen
meine seelische Identität
meine wahre Wohnung in mir
meine innere Heimat
meine innere Geborgenheit
die seelische Liebe in mir und zu mir
die Intimität mit mir
die seelische Wärme für mich
die Stimme des Lebens in mir
der Zugang zu meinen wahren Bedürfnissen
die für mich passende Nahrung
die Selbstakzeptanz

Das alles sind Erscheinungsformen und Nuancen ein und desselben Prinzips. Diese Qualitäten in sich zu erleben hat etwas Feines und Liebes, etwas, das auf subtile Weise glücklich macht. Und das Schöne ist: Man ist dabei von niemandem abhängig, man hat es selbst in der Hand. Die wahre Mutter und die mit ihr verbundenen Qualitäten zu leben bedeutet folglich:

- Ich sorge selbst dafür, dass es mir gut geht. (Ich sorge für mein Wohlbefinden.)
- Ich bin für mich selbst eine gute Mutter (und *dadurch* auch eine gute Mutter für meine Familie).
- Ich bekomme einen Zugang zu meinen körperlichen, seelischen und geistigen Bedürfnissen und verwirkliche sie.
- Ich habe einen Zugang zu meinem Gefühlsleben.

- Ich entwickle ein eigenes Intimleben. (Ich bin mit mir selbst vertraut).
- Ich habe einen Zugang zur Stimme des Lebens in mir.
- Ich entdecke die wahre Frau in mir und lasse sie sich entfalten und leben.
- Ich entdecke die für mich optimale Ernährung.
- Ich entdecke mein inneres Kind.
- Ich bin in mir geborgen.
- Ich habe seelische Wärme und Liebe für mich.
- Ich habe eine innere Zufriedenheit. (Meine Bedürfnisse sind gestillt.)
- Ich habe einen gesunden Schlaf.

Das alles bedeutet im Grunde nichts anderes, als dass wir verstehen, dass wir uns selbst zu akzeptieren und anzunehmen lernen müssen, wenn wir von anderen angenommen und akzeptiert werden wollen. Dass wir uns selbst eine gute Mutter sein müssen, um anderen eine gute Mutter sein zu können. Dass wir zuerst mit uns selbst intim werden müssen, bevor wir mit unserem Partner gemeinsam Intimität erleben können. Dass wir uns zuerst in uns selbst geborgen fühlen müssen, bevor wir uns beim Partner geborgen fühlen können. Und dass wir zuerst selbst dafür sorgen müssen, dass unsere Bedürfnisse gestillt werden, bevor wir erwarten, dass der Partner unsere Bedürfnisse erfüllt.

»Dir selbst kannst du nicht entfliehen.«

JOHANN WOLFGANG VON GOETHE

Die gestörte Vaterbeziehung

Im Folgenden soll untersucht werden, mit welchen schicksalhaften Auswirkungen eine Frau rechnen muss, wenn ihre Beziehung zu ihrem Vater gestört war oder wenn sie eine überdimensioniert gute Beziehung zu ihrem Vater unterhält.

Wenn eine Frau eine gestörte bzw. schwierige Vaterbeziehung hatte, etwa weil der Vater häufig durch Abwesenheit glänzte, ständig autoritär auftrat oder ein anderes Fehlverhalten an den Tag legte, ist die Wahrscheinlichkeit hoch, dass viele ihrer Beziehungen zu Männern scheitern.

Sie kann keinen Mann achten, anerkennen oder gar für seine wirklichen Qualitäten lieben, weil sie aufgrund ihrer unbewussten Vaterübertragung im Partner nur ähnlich negative Eigenschaften erkennt. Sie legt den Fokus auf die Schwachstellen und auf die negativen Seiten eines Mannes, um die alten Gefühlsraster, Reaktionsweisen und Glaubenshaltungen wiederholen bzw. wiedererleben zu können. Sie kann deshalb ihren jeweiligen Partner nicht in seinem wirklichen Sosein wahrnehmen. Im Gegenteil! Sie ist eigentlich jeweils nur mit einem Phantompartner liiert, also mit einem Trugbild von einem Partner, das im Widerspruch zur Evidenz steht.

Manchmal zieht sie Partner an, die tatsächlich ähnliche Züge wie ihr Vater aufweisen, sodass sie in ihrem Fühlen und Denken, dass Männer schlecht, böse oder gestört sind, bestätigt wird. Es ist daher nicht verwunderlich, wenn ihre Beziehungen einen ähnlich ungünstigen Verlauf nehmen wie die Beziehung zu ihrem Vater.

Bei einem hohen Prozentsatz der Frauen mit einer gestörten Vaterbeziehung bildet sich zuerst unbewusst, später bewusst ein Gegenbild zu ihrem Vater heraus. Wenn z. B. der Vater ein Patriarch war, kann als Gegenbild ein weicher, nachgiebiger Mann vor ihrem geistigen Auge erscheinen, der ihr zu Diensten ist. Was sie nicht weiß, ist, dass sie dadurch selbst zu einem weiblichen Patriarchen wird und den Pol, den sie als kleines schwaches Mädchen verkörperte, jetzt auf ihren Partner projiziert.

Sie glaubt, nur mit der Personifizierung des Gegenbildes zu ihrem Vater glücklich werden zu können. Und wenn sie sich tatsächlich auf einen Partner einlässt, lebt sie in der Hoffnung, dass sie ihn im Laufe der Zeit dazu bringen kann, das Gegenbild ihres Vaters zu werden. Doch es gilt zu bedenken, dass kein Mann nur dazu geboren ist, um das Gegenbild ihres Vaters zu verkörpern bzw. zu leben.

Wenn die Betreffende sich »in ihrem Film« befindet, ist sie wie im Delirium und kann die Wirklichkeit nicht wahrnehmen. Meist hat sie dann für den betreffenden Mann eine Fülle von Rollenzuweisungen im Kopf, die er zu erfüllen hat, um in ihren Augen ein guter Mann zu sein, und sie stellt genaue Spielregeln auf, wie er sich zu verhalten hat. Wenn der Partner in diesem »Gegenbildfilm« nicht mitspielt oder seine Rolle nicht exakt genug spielt, kommen schnell Entwertungstendenzen auf. Er wird dann angegriffen und beschimpft, weil er nicht genau dem Gegenbild zu ihrem Vater entspricht. Man nennt dies eine Gegenbildfixierung.

Wie kann die betroffene Frau aus dem Dilemma herauskommen? Sie schafft es, wenn sie sich all dies bewusst macht und schließlich – wie wir später sehen werden – zu dem wahren Vater in sich selbst findet (s. S. 62).

Die Vateridentifikation bzw. der Elektrakomplex

Wir haben die Problematik kennengelernt, die bei Frauen mit einer gestörten Vaterbeziehung verbunden ist. So mancher Mann wird daraufhin den Schluss ziehen, dass es besser wäre, mit einer Frau eine Verbindung einzugehen, die eine sehr gute Vaterbeziehung hatte. Auf diese Weise – so möchte man meinen – muss es ihm doch auch in der Beziehung zu ihr gut gehen, wenn man denn die Vaterübertragung zugrunde legt. Doch weit gefehlt! Es geht ihm dabei oft sogar noch schlechter! Wie kann so etwas möglich sein?

Hierzu der Fall von Simone: Simone war das einzige Kind wohlhabender Eltern. Sie hatte ein schlechtes Verhältnis zu ihrer Mutter, aber dafür ein besonders gutes zu ihrem Vater. Sie bewunderte ihren Vater, der beruflich scheinbar mühelos die obersten Sprossen der Hierarchieleiter erklomm. Ihr Vater nahm sie als Kind manchmal in die Firma mit, in der sich seine zwei Vorzimmerdamen liebevoll um sie kümmerten. Überall, wo sie mit ihm hinkam, wurde sie hofiert, und sie nahm wahr, welchen Einfluss und welche Macht ihr Vater hatte. Erst mit 31 Jahren zog Simone aus dem Elternhaus aus und nahm sich eine eigene Wohnung. Doch sie blieb auch weiter eng mit ihrem Vater verbunden. Sie machte mit ihm Wochenendausflüge, spielte im selben Golfklub und besprach mit ihm all ihre Probleme.

Bei Simone handelt es sich offensichtlich um einen nicht überwundenen Elektrakomplex.* Dieser zeigt sich in der Liebe der Tochter zum Vater, bei gleichzeitiger Abneigung

---

* Was bei Mädchen der Elektrakomplex ist, ist bei den Jungen der Ödipuskomplex. Unter Ödipuskomplex versteht man die bei Jungen entstehenden Liebesgefühle und sexuellen Wünsche der Mutter gegenüber, z. B. das Verlangen, sie ganz für sich zu haben.

gegenüber der Mutter. Deshalb hatte Simone immer wieder Schwierigkeiten mit Männern. Sie wünschte sich sehnlichst ein Kind, doch die Männer, die sie kennenlernte, passten alle nur – wie sie zu sagen pflegte – zu 50 oder 60 Prozent zu ihr, sodass sie kein Risiko eingehen wollte. Vor allen Dingen hielt keiner dem Vergleich mit ihrem Vater stand.

An dieser Stelle wird deutlich, dass Simone den Ablöseprozess von ihrem Vater noch nicht vollzogen hatte. Sie war noch immer seine »Prinzessin«, in deren Unbewussten der Platz für einen Partner nicht frei war. Sie war eigentlich mit ihrem Vater »verheiratet« und die real existierenden Männer, die auf der Bühne ihres Lebens auftauchten, hatten nie wirklich eine Chance. Aus demselben Grund haben Frauen wie Simone meist keine Kinder, weil sie unbewusst die kleine Tochter ihres Vaters bleiben wollen: Sie will keine Konkurrenten gebären. Dieses Phänomen ist eine häufige Ursache für Kinderlosigkeit.

Hinzu kommt, dass sie aufgrund dessen, dass ihr Vater seine Rolle so gut spielen konnte, eine unrealistische Vorstellung vom männlichen Prinzip entwickelt hat. Schließlich hat sie ja ihren Vater nie als Ehemann und Liebhaber erlebt, sondern ihn immer nur aus dem Blickwinkel der Tochter oder der »Prinzessin« wahrgenommen.

Sie weiß nicht um sein anderes, sein möglicherweise geheimes Leben, kennt nicht seine Verdrängungen und Schattenseiten. Sie ist sich nicht bewusst, dass sie von ihm nur die Rolle als Vater ihr gegenüber kennt, aber nicht den Mann, der hinter dieser Rolle steckt. Deshalb hat sie auch keine wirklichkeitsadäquate Einstellung zur Sexualität. Sie leidet an einer Hingabestörung und hat Schwierigkeiten zum Orgasmus zu kommen. (Siehe hierzu auch das Kapitel über gebundene Energien, S. 102 ff.)

Kehren wir noch einmal zum Rollenspiel des Vaters zurück. Viele Eltern spielen vor ihren Kindern eine Rolle (sie geben sich beispielsweise tolerant, wohlwollend, vornehm, zuvorkommend, anständig, seriös etc.). Darum wissen ihre Kinder auch als Erwachsene nicht, was für Menschen ihre Eltern wirklich waren. Sie haben dadurch ein falsches Vater- oder Mutterbild und folglich auch ein falsches Männer- oder Frauenbild entwickelt. Meist erfahren sie nie, wie die Realität war und ist.

Die Folgen eines negativen oder positiven Vaterbildes beim Mann

Eine gestörte Vaterbeziehung ist für eine Frau demnach eine schicksalsträchtige Angelegenheit. Führt sie auch bei einem Mann automatisch zu ungünstigen Konsequenzen im Leben?

Es hat sich immer wieder gezeigt, dass Männer, die mit ihrem Vater auf Kriegsfuß stehen bzw. ihren Vater hassen, unbewusst eine Fülle von Problemen anziehen. Zum einen fühlen sie sich häufig – wenn sie als Kind z. B. mit einem autoritären Vater konfrontiert waren – zu Autoritätspersonen hingezogen, um die negativen Erlebnisse mit dem Vater auf einer neuen Ebene zu wiederholen und fortzusetzen (unbewusster Wiederholungszwang). Das geht sogar so weit, dass schlechte Erfahrungen mit Menschen gemacht werden, die derselben oder einer ähnlichen Berufsgruppe angehören wie der Vater. Weitere Folgen einer gestörten Vaterbeziehung können Resignation, das Zurückziehen aus der Welt oder gar eine Tendenz zur Verwahrlosung sein, aber auch die gegenteilige Reaktion wie enormer Ehrgeiz, den Vater zu überflügeln. Der Betreffende will dem Vater (meist unbewusst) zeigen, dass er besser als er ist, dass er mehr verdient, ein schöneres Haus sein eigen nennt, dass er die einflussreicheren Menschen zu seinen Freunden zählt ... Selbst wenn der Sohn seinen Vater längst übertroffen hat, kann er meist nicht mehr in seinem Streben innehalten. Er wird innerlich getrieben, immer weiter und weiter zu gehen, was einer Sisyphusarbeit gleichkommt.

Doch was bedeutet das für die Wahl seiner Partnerin? Ein Mann kann seine schlechte Vaterbeziehung in immer neuen Auflagen auch mit Frauen erleben, weil Übertragungen grundsätzlich geschlechtsunabhängig sind. Insofern kann auch eine weibliche Partnerin bestimmte väterliche Anteile verkörpern. Der Betreffende hat das Gefühl, wieder dieselbe Hölle zu erleben, die er schon zuvor mit seinem Vater durchlebt hat. Es schwebt immer wieder aufs Neue die Stimmungslage im Raum, die damals vorherrschend war.

Aber müsste es ihm bei einer guten Vaterbeziehung nicht besser gehen?

Doch dann tritt häufig ein anderes Problem auf: Der Mann tritt zu sehr in die Fußstapfen seines Vaters, sodass er sehr schwer zu seiner eigenen Identität findet oder er übernimmt eins-zu-eins bestimmte Muster des Fühlens, Denkens und Handelns, wählt womöglich dieselbe politische Partei, fährt ein Auto derselben Marke oder übt dieselbe Sportart aus. Noch ungünstiger ist, wenn er seinen Vater so sehr bewundert, dass er ewig der kleine Junge bleibt, der leistungsmäßig nicht mit seinem Vater mithalten kann und immer weniger Erfolg hat als dieser. In manchen Fällen muss er seinen Vater auch noch als erwachsener Mann bitten, ihm materiell oder seelisch unter die Arme zu greifen.

Wie aber könnte eine Lösung aussehen, wenn weder ein negatives noch ein positives Vaterbild für das eigene Schicksal günstig ist? Im Grunde ist es ganz einfach: Am besten hat sich immer noch ein realistisches Vaterbild bewährt. Das bedeutet in der Konsequenz auch, sich von dem alten Vaterbild innerlich abzulösen. Langfristig führt das dazu, dass man keine Hemmungen und Blockaden im Handeln und im Umsetzen von Ideen mehr hat und auch nicht durch übertriebenen Ehrgeiz eine Schmälerung der eigenen Lebensqualität erfährt, sondern dass man fähig ist, korrekt und verantwortungsvoll zu handeln, weil man ein verantwortungsvoller Vater sich selbst und anderen gegenüber geworden ist. Man managt sein eigenes Leben so, dass man alles auf die Reihe bekommt, dass alle Persönlichkeitsanteile leben dürfen, dass sich das eigene Leben entfalten kann. Hierzu ist es allerdings notwendig, den wahren Vater in sich selbst zu entdecken.

Die Übertragung einer guten oder schlechten Vater- bzw. Mutterbeziehung

Gehen wir an dieser Stelle noch einmal auf den Aspekt der unbewussten Übertragung auf Autoritätspersonen ein. Übertragung und Gegenübertragung nennt man Phänomene, die aus der Psychoanalyse bekannt sind: Im Lauf der Behandlung entwickelt der Patient eine emotionale Reaktion gegenüber dem Therapeuten, indem er ihn mit einer Person identifiziert, die im Mittelpunkt eines früheren emotionalen Konflikts stand. Diese Phase der Therapie nennt man Übertragung. Meistens wird der Analytiker mit einem Elternteil identifiziert. Man nennt dies positive Übertragung, wenn die Gefühle für den Therapeuten liebevoll oder bewundernd sind, und negative Übertragung, wenn sie voll Feindschaft, Groll oder Neid sind. Häufig ist die Haltung des Patienten ambivalent, d. h. er hat sowohl positive als auch negative Gefühle für den Therapeuten, so wie es auch Kinder häufig gegenüber ihren Eltern erleben. Da es für den Analytiker schwierig ist, emotional immer neutral auf seine Patienten zu reagieren, kann sich eine sogenannte Gegenübertragung einstellen. Dabei entwickelt der Therapeut aufgrund einer wahrgenommenen Ähnlichkeit zwischen dem Patienten und einer bedeutungsvollen Person in seinem eigenen Leben positive oder negative Gefühle gegenüber dem Patienten.

Eine solche Übertragung und Gegenübertragung findet nicht nur in der Psychotherapie, sondern auch im Alltag statt. Dieser unbewusste Vorgang besteht darin, dass man Einstellungen, Gefühle und Erwartungen von früher auf andere überträgt: Ursachen von Übertragungsgefühlen liegen nicht in der gegenwärtigen Situation, sondern beziehen sich auf frühere, meist frühkindliche Lebenssituationen. Die aktuelle Situation, der aktuelle Mensch, der auf der Bühne des Lebens erschienen ist, dient dann als Schlüsselreiz und Projektionsfläche. Deshalb werden die zwischenmenschliche Situation oder ein Konflikt nur eingeschränkt und verfälscht wahrgenommen. Derjenige, der auf solch ein Übertragungsangebot »einsteigt«, (dieser »Einstieg« ist das, was man Partneranziehung oder Resonanz nennt), erliegt einer Gegenübertragung.

Auf diese Art und Weise können Vater, Mutter, Oma, Opa, Bruder oder Schwester oder andere frühere Bezugspersonen später im Leben als (Ehe-)Partner, Freund oder Freundin, Chef, Arbeitskollege oder auch als eigenes Kind – eben im *übertragenen* Sinne – wieder zum Vorschein kommen.

Aufgrund dieses unbewussten Übertragungsmechanismus entwickelt man, wenn eine schlechte Vaterbeziehung vorliegt, die Tendenz, Vatergestalten bzw. Autoritätspersonen anzuziehen, die einem Probleme bereiten. Entweder, weil die Beziehung zu ihnen tatsächlich ungünstig ist oder weil man Schlechtes auf sie projiziert, um die Situation von früher wieder erleben zu können.

Bei einer guten oder schlechten Mutterbeziehung verhält es sich nicht anders als bei einer guten oder schlechten Vaterbeziehung. Eine intakte Mutterbeziehung erlaubt es eher, später gute Erfahrungen mit Frauen zu machen, bei einer schlechten Mutterbeziehung umgibt man sich im Erwachsenenleben häufig mit Zicken, seelischen Erpresserinnen, Rivalinnen, falschen Schlangen und Intrigantinnen.

Leidet man selbst unter einer schwierigen Vater- oder Mutterbeziehung, lässt sich dieser ungünstige Übertragungsmechanismus am besten auflösen, indem man zu seiner wahren Mutter und zu seinem wahren Vater in sich selbst findet. Wie das gelingen kann, wird in den Kapiteln »Die wahre Mutter in mir« (S. 47) und »Der wahre Vater in mir« (S. 62) beschrieben. Erfahrungsgemäß können danach zwischenmenschliche Kontakte und Beziehungen oft sehr schnell verbessert werden.

*»Wenn du hervorbringst,
was in dir ist, wird das,
was du hervorbringst oder ausdrückst,
dich heilen.
Wenn du nicht hervorbringst,
was in dir ist,
vermag das,
was du nicht hervorbringst,
dich zu zerstören.«*

UNBEKANNT

Das innere Team des Mannes

Wie bei der Frau besteht das innere Team des Mannes aus zwölf Spielern, die jeweils eine archetypische Person darstellen. Diese Archetypen oder Persönlichkeitsanteile müssen miteinander harmonieren, damit man im Spiel des Lebens gewinnen kann. Jeder Anteil muss seine Talente und Fähigkeiten einbringen, um dem Ganzen zu dienen. Dabei ist es wichtig, wer wo und wann aktiv werden muss. Nur wenn der jeweils richtige Spieler an der richtigen Stelle eingesetzt wird und dieser seine Aufgabe genau kennt sowie das Timing stimmt, ist es möglich, als Mensch erfolgreich zu werden und zu bleiben. Die Mannschaftsaufstellung sieht so aus:

der Held (Sieger, Pionier, Impulsgeber)
der Genießer (Revierhalter)
der Informant (Intellektueller)
der Zärtliche (Kuschelbär)

der Vater (Manager, Verwirklicher)
der Kritiker (Analytiker)
der erotische Verführer
der sexuell aktive Mann
der Partner (Ehemann)
der Weise (geistiger Befruchter)
der Gentleman
der Erneuerer (Unabhängiger, Ideengeber,
Zukunftsgestalter)

Wenn ein Mann über ein gutes Team verfügt, fühlt er sich wohl und stark. Er kann sein Leben selbst gestalten, kann sich selbst verwirklichen und ist weniger von anderen abhängig. In seinen Liebesbeziehungen findet er Erfüllung, wenn er seine Persönlichkeitsanteile Kuschelbär, erotischer Verführer, sexuell aktiver Mann, Partner (Umsorger) und Weiser einbringt.

Der Beschreibung der Anlagen und Fähigkeiten des väterlichen Prinzips sollen noch einige Gedanken über den eigenen leiblichen Vater und den wahren Vater in einem selbst vorangestellt werden. Wie für die leibliche Mutter soll dies in Form eines Statements bzw. in einer Art Affirmation geschehen.

Mein leiblicher Vater

Mein leiblicher Vater hat alles in seinen Kräften Stehende versucht, als Repräsentant eines inneren Archetyps zu fungieren. Milieu, Zeitepoche und persönliche Umstände haben ihn daran gehindert, diesen besser und perfekter darzustellen. Ich bin meinem Vater dankbar, dass er mich gezeugt und dass er für mich gesorgt hat bzw. für mich sorgen wollte, dass er Zeit für mich aufgebracht hat und dass ich unter seinem Schutz stand.

Letztendlich war er aber nur der Wegbereiter für meinen wahren inneren Vater. Wenn ich diesen in mir entdecke und lebe, bin ich erwachsen geworden. Habe ich erst die Anlagen und Fähigkeiten des wahren Vaters in mir ausgebildet und entfaltet, verliert der leibliche Vater an Bedeutung. Ich habe dann den Ablöseprozess von ihm geschafft. Das gilt für mich als Frau mit einer gestörten Vaterbeziehung bzw. einem Elektrakomplex genauso wie für mich als Mann mit einer gestörten bzw. einer sehr guten Vaterbeziehung.

Ich will es ihm nicht mehr (unbewusst) recht machen, reagiere nicht mehr ständig auf ihn (ausgebildete Reaktionsmuster, die einem nur selten wirklich bewusst sind). Ich brauche seine Anerkennung nicht mehr, ich muss aber auch nicht mehr generell in einer Antihaltung ihm gegenüber (oder in der Übertragung dem Chef, Kollegen oder Partner gegenüber) verharren. Ich bin der Manager meines Lebens geworden und verwirkliche mich selbst. Ich schütze mich selbst vor Verletzungen und Unheil, die mir widerfahren. Ich bin der Urheber meiner Handlungen und Schöpfungen, und mein innerer Schöpfergeist hat ein unerschöpfliches Potenzial.

Der wahre Vater in mir

Als neuer Orientierungspunkt in meinem Leben tritt ab jetzt an die Stelle meines leiblichen Vaters mein wahrer Vater in mir. Im Folgenden soll deutlich werden, was diesen inneren Vater auszeichnet und welche Anlagen und Fähigkeiten in ihm angelegt sind.

Der wahre Vater in mir
Der Schöpfergeist in mir
Mein inneres Selbst
Der Manager meines Lebens in mir
Der Chef in mir
Der Versorger in mir
Der wahre Mann in mir
Der Verwirklicher in mir
Der Gestalter in mir
Der Unternehmer in mir
Der Beschützer in mir
Der Haltgeber in mir (der eigene Halt)
Der Lichtspender in mir
Mein Selbstbewusstsein
Die Handlungsfähigkeit in mir
Die Konstruktivität in mir
Die Selbstständigkeit in mir
Meine seelische Sicherheit
Mein Humor
Das Wohlwollen für mich

Wer für sich selbst der eigene Vater geworden ist, wird davon Abstand nehmen, seinen leiblichen Vater weiter für die Missstände und Schwierigkeiten im eigenen Leben verantwortlich zu machen. Der Vater trägt keine Schuld für sie; man ist es sich bislang nur selbst schuldig geblieben, den eigenen Vater in sich zu aktivieren und zu leben.

Rein zeitlich gesehen, gilt es zuerst die Mutter in sich selbst zu aktivieren. Denn sie steht für die eigene seelische Identität. Sie muss man kennen, wenn man für sich selbst sorgen und um seine wirklichen Bedürfnisse wissen will. Erst danach kann man den inneren Vater aktivieren, der dann nach der eigenen Identität und nach den eigenen wahren Gefühlen handelt und damit alles auch nach außen hin zu verwirklichen versucht.

Denn sonst handelt man nicht der eigenen Identität gemäß, was zur Folge hat, dass alle Handlungen Unternehmungen und Verwirklichungen umsonst durchgeführt werden. Umsonst bedeutet hier, dass alle Handlungen keine Erfüllung bringen, weil nicht das verwirklicht werden kann, was der ersten Natur gemäß ist, sondern nur der Ersatz, was schließlich unbefriedigend bleiben muss.

Für die Partnerbeziehung sind die Entwicklungsschritte zur wahren Mutter und zum wahren Vater in einem selbst von entscheidender Bedeutung. Sie sind Voraussetzung dafür, all die alten körperlichen, seelischen und geistigen Reaktionsmuster auf die Eltern löschen und ein selbstständiges, unabhängiges Leben als Erwachsener führen zu können. Auf diese Weise ist es möglich, dass ein konstruktiver Aufbau der Beziehung auf der Basis der Realität erfolgt. Während die Beziehung vorher im Laufe der Jahre aufgrund von Wunden aus der Vergangenheit und unbewusst infantilen konfliktauslösenden Verhaltensweisen meist schlechter wird, wird sie durch die Bewusstwerdung und die Verwirklichung der Qualitäten der inneren Mutter und des inneren Vaters immer besser.

»Ein wahrhaft großer Mann wird
weder einen Wurm zertreten
noch vor dem Kaiser kriechen.«

BENJAMIN FRANKLIN

Vom Männchen zum Alphamann

Im Grunde seines Herzens will eigentlich jeder Mann ein Rudelführer bzw. Alphamann sein, aber nur wenigen gelingt es, in eine solche Position aufzusteigen.

War in grauer Vorzeit derjenige ein richtiger Mann, ein Held, der sich durch besondere Stärke und Kraft auszeichnete oder der als Jäger besonders erfolgreich war, so ist heute derjenige besonders geachtet, dem es besser als anderen gelingt, auf der Karriereleiter möglichst weit nach oben zu klettern oder der aufgrund von Cleverness die finanziellen Mittel erwerben kann, um seiner Familie eine bessere Existenzgrundlage zu sichern.

Ein Mann muss insbesondere aufgrund seiner Programmierung als Säugetier und des traditionellen Rollenverständnisses fähig sein, sich und seine Familie zu ernähren. Dies fällt ihm meist dann besonders leicht, wenn es ihm gelingt, aus subalternen Positionen aufzusteigen und Rudelführer zu werden. Dazu muss er Ehrgeiz entwickeln, lernen, sich informieren, sich weiterbilden, Erfolgs- und Managementseminare besuchen, Leistung bringen, seine Ellenbogen gebrauchen, sich durchsetzen und behaupten, Rivalen ausschalten.

Fast jeder Mann möchte eine Führungsposition erreichen, möchte etwas zu sagen haben, möchte anderen Anweisungen erteilen, anderen sagen, wo es langgeht, möchte durch Wissen glänzen, möchte in seiner Firma wenigstens Abteilungsleiter werden, wenn möglich noch weiter aufsteigen zum Topmanager, Direktor, Generaldirektor, zum »Big Boss«. Und er möchte das auch, um seine Chancen beim anderen Geschlecht zu maximieren. Laut einer Untersuchung des Düsseldorfer Motivforschungs-Institutes Ives-Marketing gaben 98 Prozent der Männer zwischen 26 und 35 Jahren an, dass sie vor allem nach Erfolg im Beruf streben. Bei einer tiefenpsychologischen Befragung stellte sich heraus, dass sie den Berufserfolg insbesondere deshalb anstreben, um bei Frauen besser anzukommen. Männer trachten also im Beruf nach Erfolg, um beim Kampf um die Eroberung eines Geschlechtspartners die Nase vorn zu haben, um ein Lockmittel zu haben, mit dem sie für Frauen attraktiver erscheinen.

Was braucht ein Mann, um sich gut zu fühlen?

- Er will Chef sein/beruflich erfolgreich sein,
- er will Geschäfte (d. h. Beute) machen (d. h. finanzielle Gewinne erzielen),
- er will Gewinner im Sport sein,
- er will Liebling der Frauen sein,
- er will eine Eigentumswohnung oder ein Haus haben,
- er will sich hochwertige Nahrung leisten können und
- er will ein Auto fahren, das seinem Rang entspricht.

Durch alle diese Faktoren kann er sein Persönlichkeitssystem stabilisieren. Es gibt Männer, die sich auf ein oder zwei Feldern gut ausgleichen können, aber auch einige wenige, die auf allen oben genannten Feldern erfolgreich sind.

Die oben genannten Punkte stellen grundlegende Kompensationsmöglichkeiten dar, um die eigene Gesundheit als Mann aufrechtzuerhalten. Man kann hier von einer **männ-**

lichen Psychosomatik sprechen: Je mehr Felder vorhanden sind, in denen ein Mann sich hervorheben kann, desto weniger anfällig ist er für Krankheiten. Mit Ausnahme natürlich von genetischen Dispositionen und Krankheitsdispositionen, die sich aufgrund von Süchten oder einem ungesunden Lebensstil ergeben.

Auch die Gewichtung der einzelnen Felder spielt für die männliche Gesundheit eine wichtige Rolle. Nach ihr richtet sich die Störanfälligkeit des gesamten Persönlichkeitssystems. So geraten manche Männer bereits in ein Ungleichgewicht und werden krank, wenn ihr Auto defekt ist.

Das heißt, wenn eine Hauptkompensationsebene wegfällt, weil auf dieser kein Erfolg mehr erzielt wird, ist die Stabilität seines Persönlichkeitssystems gefährdet. Hat das entsprechende Lebensgebiet jedoch für ihn keine so große Bedeutung, kann er sich auch weiterhin guter Gesundheit erfreuen.

Hier wird auch deutlich, warum so viele Männer erkranken, wenn sie in Rente oder Pension gehen. Sie verlieren mit diesem Schritt wichtige Kompensationsfelder, sodass sich diese Energie, wenn sie nicht anderweitig eingesetzt werden kann, gegen sie selbst wendet.

Welche Eigenschaften weist ein Alphamann darüber hinaus auf? Woran kann man ihn erkennen? Hier sind weitere Qualitäten, die einen echten Alphamann ausmachen:

- Ein Alphamann ist gebildet, er verfügt über eine akademische Bildung oder hat sich als Autodidakt selbst gebildet.
- Er ist schöpferisch-kreativ, ideenreich, verfügt über geistige Virtuosität.
- Er gibt Frau und Kindern Halt, Sicherheit und Geborgenheit.
- Er zeigt gutes Benehmen, hat gute Umgangsformen.

- Er ist kommunikativ, verfügt über ein umfangreiches Wissen und Hintergrundwissen.
- Er zeichnet sich durch seine Konfliktfähigkeit aus und ist in der Lage, Lösungen für Konflikte zu finden.
- Er geht seinen eigenen Weg und verfolgt eigene Ziele.
- Er ist kritikfähig und verantwortungsfähig, das heißt, er übernimmt die Verantwortung für seine Gesundheit, seine Sicherheit, seine Zukunft und für die Reaktionen der Umwelt auf ihn.

In der Realität ist es oft gar nicht so einfach, einen echten Alphamann zu erkennen. Denn es gibt sehr viele Pseudoalphamänner oder Möchtegernalphamänner, also Männer, die der Umwelt ihren Alphastatus nur vortäuschen.

Andererseits gibt es Männer, die alle Anlagen und Fähigkeiten eines Alphamanns mitbringen, aber als solche nicht zu erkennen sind, weil sie entweder ihre Fähigkeiten und Anlagen selbst nicht wahrnehmen können oder weil sie in einem Umfeld leben, in dem sie diese nicht zum Ausdruck bringen können. Selbst wenn es einem solchen Mann möglich sein sollte, seine Alpharolle wahrzunehmen, bleibt immer noch die Frage, ob ihm die Menschen in seinem Umfeld diesen Status auch zubilligen und ob er seine Position dauerhaft gegenüber Rivalen halten kann.

Und noch ein Faktor sollte nicht unberücksichtigt bleiben: Ob jemand die Rolle eines Alphamannes einnehmen kann, hängt oft auch vom Zeitgeist ab. Ein Aussehen, ein Verhalten, so manche Fähigkeit oder so manches Talent ist nur zu einer ganz bestimmten Zeit gefragt, vorher und nachher kommt der Inhaber dieser Qualität nicht erfolgreich an.

»Ich weiß, dass dieses Leben,
das in Liebe zu reifen versäumte,
nicht ganz verloren ist.
Ich weiß, dass die Blumen, die beim Morgengrauen welken,
dass Bäche, die sich in der Wüste verirren,
nicht ganz verloren sind.
Ich weiß, dass alles, was in diesem Leben zurückbleibt,
weil es gehemmt ist, nicht ganz verloren ist.
Ich weiß, dass meine noch unerfüllten Träume,
meine noch nicht gespielten Melodien
noch in einer deiner Lautensaiten schlummern
und nicht ganz verloren sind.«

TAGORE

Weibliche Psychosomatik

Es besteht ein großer Unterschied zwischen Selbsterkenntnis und Selbstverwirklichung. Während die Selbsterkenntnis dazu dient, sich verdrängtes Potenzial bewusst zu machen und die eigenen Persönlichkeitsanteile und deren Vernetzungen kennenzulernen, bedeutet Selbstverwirklichung, eine Anlage ans Licht zu bringen, sie lebendig werden zu lassen.

Wer sein Potenzial oder seine Energie nicht ans Licht bringt, muss leiden. Leiden bedeutet, dass sich die Lebensenergie gegen die Person selbst wendet. Leben und Lust verkehrt sich in Leiden und Schmerz. Wenn also jemand von seinem Leiden spricht, ist dies häufig gleichbedeutend damit, dass er seine Talente und Möglichkeiten nicht genügend entfalten konnte. Eine Gesundung hängt also primär davon ab, ob es gelingt, die eigenen Potenziale mehr und mehr von der Verdrängungsseite, die den Nährboden für die verschiedensten Krankheiten und Leiden abgibt, auf die Sonnenseite des Lebens zu ziehen, auf die Verwirklichungsseite. Der Kranke muss sich fragen: Für welches Bedürfnis, für welche Vorstellung, für welchen Wunsch, für welchen Traum, für welche Schöpfung (Kind, Bild, Buch, Musikstück etc.), für welches Projekt steht meine Krankheit als Ersatz? Eine Krankheit kann also, wenn man die Ursachenkette weit genug zurückverfolgt, als Folge eines unverwirklichten Bedürfnisses, einer Berufung, der man nicht gefolgt ist, eines verdrängten Wunsches nach einem Hobby oder einer nicht ausgeübten Sportart identifiziert werden, kurzum: als Folge einer unerlösten Anlage, die sich bemerkbar macht.

So erkrankte Ella S. an einer Gebärmutterzyste, weil die Verwirklichung ihres Wunsches nach einem Kind aufgrund der angespannten Finanzlage der Familie blockiert war, erkrankte Ramona O. an chronischer Bronchitis, weil sie seit ihrer Eheschließung vor drei Jahren ihren Ausgehdrang nicht mehr stillen konnte, zog Tobias B. sich eine Myokarditis zu, weil er ein Projekt, an dem sein Herz hing, nicht umsetzen konnte.

In diesen Fällen möchte eine Anlage ans Licht, sie wird aber aufgrund von falschen Glaubenshaltungen, von Normen und Idealen, durch Anlagen-Defizite oder einen Mangel an Kraft und Durchsetzungsvermögen daran gehindert.

Verwirklichung bedeutet, das Leben aus seinem verdrängten Zustand zu erlösen.

Viele Frauen haben trotz erfolgreicher Emanzipation immer noch Schwierigkeiten, ihre Vorstellung, wie sie als Frau leben möchten, zu verwirklichen, besonders wenn sie im Widerspruch zum Mainstream steht.

So kann es sein, dass eine Frau erkrankt, weil sie das, was sie als Frau ausmacht und was ihr Freude bereiten würde, nicht leben kann oder weil das, was ihr Persönlichkeitssystem bisher stabilisiert hat, wegbricht. Letzteres kann zum Beispiel passieren, wenn Probleme mit ihren Kindern bestehen, wenn ihre Kinder flügge werden, wenn Beziehungskonflikte sie belasten oder wenn sie im Berufsleben Intrigen und Mobbing ausgesetzt ist, wenn sie etwas nicht mehr leben kann (z. B. soziales Engagement, Reisen, Freundschaften).

Aus all diesen Gründen ist es enorm wichtig, dass Frauen den Mut haben, all das, was in ihrem Leben nicht stimmig ist, zu artikulieren, und darauf achten, dass sie durch verschiedene Maßnahmen (vgl. Kapitel *Die Veränderung beginnt in einem selbst*, S. 93) ausgeglichen sind.

Rollenzuweisungen in der Partnerschaft

Nach der traditionellen Rollenteilung und der darauffolgen-
den Emanzipation der Frau, haben Paare die Freiheit und
die Aufgabe, ihre Rollen neu zu definieren. Aufgrund des fortschreitenden Individuationsprozesses und den damit einher-
gehenden gestiegenen Erwartungen sind neue spezifische
Rollenzuweisungen entstanden, die es in diesem Umfang früher nicht gegeben hat. Jeder von uns wird in seinem Leben
in verschiedene Rollen gedrängt, die er zu spielen hat, ob er
nun will oder nicht:

- erwartete Rollen (z. B. als Helfer oder als Helferin),
- erwartete Geschlechtsrolle,
- erwartete sexuelle Rolle,
- erwartete gesellschaftliche Rolle (z. B. als Professor oder
  Notar),
- Rollen, bei denen man sich verleugnen muss (Rollen, die
  gegen die eigene Natur sind),
- Rollen, die einem nicht bewusst sind,

- Rollen, die erwirkt werden oder in die man gedrängt wird (z. B. in die Rolle eines Querulanten, wenn man einem Vorschlag nicht zustimmt),
- Rollen, die man aufgrund des eigenen Drehbuchs anderen überstülpt,
- Rollen, die einem entsprechen,
- Rollen, die sich widersprechen,
- brachliegende Rollen (z. B. in der Ehe – bei einem anderen Partner wären andere Rollen gefragt).

Aufgrund verschiedener Defizite und Bedürfnisse hat fast jeder Mensch die Tendenz, seinem Partner eine Rolle zuzuweisen. Diese Rolle soll dazu angetan sein, dass eigene Mängel ausgeglichen und Bedürfnisse gestillt werden. Das ist an sich nicht weiter problematisch. Die Schwierigkeit liegt allerdings darin, dass diese Rollenzuweisung zumeist nicht offen geschieht, sondern verdeckt und zunächst unmerklich.

> Im Unbewussten des Partners schlummert also nicht nur das Vorstellungsbild vom Partner, sondern auch von der Rolle, die dieser im eigenen Lebensfilm spielen soll.

Das Vorstellungsbild vom Partner und die dazu gehörende Rolle werden dann ebenfalls unbewusst als Kriterium verwendet, um unter den potenziellen Partnern auszuwählen. Nur derjenige kommt infrage, von dem man glaubt, dass er die Rolle im eigenen Lebensfilm einnehmen könnte. Nur dann glaubt man, man wäre ausgeglichen und zufrieden, d. h. die eigene Welt wäre in Ordnung.

Da jeder Mensch bereits im Elternhaus in bestimmte Rollen gedrängt wurde, z. B. als Sunnyboy, schwarzes Schaf, Sklave, Clown, Prinz oder Prinzessin, sind es die meisten von uns schon gewöhnt, eine Rolle spielen zu müssen. Der Betreffende hat erfahren, dass durch diese Rolle sein Leben im Familienverband gesichert war, deshalb hofft er unbewusst, auch vom Partner geliebt zu werden, wenn er bereitwillig die ihm vorgeschriebene Rolle erfüllt.

Häufig kommt es in einer Partnerschaft zu einem Kampf unter den Rollenzuweisern: Jeder Partner versucht, dem anderen die Rolle in seinem Lebensfilm zuzuweisen.

Frauen entwerfen primär Drehbücher bzw. Rollen für den Mann, die ihm klar vorschreiben, was und wie er mit ihr leben soll und wie er ihr zeigen soll, dass er der Mann ist, den sie sich ersehnt. Männer dagegen haben primär ganz konkrete Vorstellungen davon, wie eine Frau ihm ihre Weiblichkeit zeigen soll, wie diese Weiblichkeit aussehen soll und wie sie sich in der Erotik und in der Sexualität verhalten soll.

Man spricht in diesen Fällen von geschlechtsspezifischen Rollen. Dabei gibt es:

- Rollenzuweisungen, die mit totaler Selbstverleugnung verbunden sind und daher für praktisch jeden Partner eine Zumutung sind. Eine solche Rolle wird wohl von niemandem freudig übernommen.
- Rollen, die voller Widersprüche sind und in der Realität insofern gar nicht verwirklicht werden können.
- Rollenzuweisungen, die von einigen wenigen Partnern, deren Selbstwert schwach ausgeprägt ist, nur unter einer großen Anpassungsleistung erfüllt werden können.
- Rollenzuweisungen, die manche Partner übernehmen können, ohne dabei besonders große seelische Schmerzen zu erleiden.
- Rollenzuweisungen, die manchen Partnern »auf den Leib geschnitten« sind und deshalb von diesen leicht erfüllt werden können. Es ist traumhaft, aber selten: Diese Men-

schen können so leben, wie sie sind, und entsprechen dabei den Rollenerwartungen ihrer Partner.

Zur Verdeutlichung kann die Rollenzuweisung eines Partners mit einer klar definierten Stellenbeschreibung im Beruf verglichen werden. So könnte etwa ein Mann glauben, der Stelle als Abteilungsleiter ohne Weiteres gewachsen zu sein. In Wirklichkeit bringt er aber hierfür weder die fachlichen Voraussetzungen noch die erforderliche soziale Kompetenz oder ausreichende Führungsqualitäten mit.

Ebenso verhält es sich mit Rollenzuweisungen in der Partnerschaft. Man glaubt oft, eine Rolle, die »ausgeschrieben« ist, erfüllen zu können, scheitert aber schon kurz nach der Übernahme gänzlich bei ihrer Ausführung. Dazu ein Beispiel: Ein Mann mit mittlerem Einkommen möchte die von seiner Geliebten erwartete Rolle als Mann der »Upper Class« und als Mäzen erfüllen. In Extremfällen lässt sich ein solcher Mann sogar zu kriminellen Handlungen wie Unterschlagungen oder Betrügereien hinreißen, nur um der Frau zu gefallen und die ihm zugewiesene Rolle erfüllen oder beibehalten zu können.

Die meisten Rollen, die man von seinem Partner erwartet, sind nicht oder nur kurzzeitig verwirklichbar. Denn Rollen, die sehr viel Selbstverleugnung erfordern, halten die wenigsten auf Dauer durch. Eine Rolle kann aber auch nicht verwirklichbar sein, weil ...

... in der Rollenzuweisung viele Widersprüche enthalten sind.
... die Vorstellungen und Glaubenshaltungen falsch sind. Z. B.: Einen Partner von geistig hohem Niveau erkennt man an seiner teuren Armbanduhr und an seiner edlen Designerkleidung.
... die Annahme falsch ist, dass der Partner an denselben Dingen Freude haben wird, d. h. dass er voller Freude und

Begeisterung die Rolle, die man ihm zugewiesen hat, erfüllt.

... der Partner anderen Geschlechts ist und aufgrund seines anderen Hormonhaushaltes andere Prioritäten in seinem Leben setzt und andere Interessen entwickelt.

... der Partner anders geprägt ist und daher eine völlig unterschiedliche Persönlichkeit darstellt. Er kann daher nicht so leben, wie man sich es vorstellt.

Das grundsätzliche Problem hinter der Rollenzuweisung innerhalb einer Liebesbeziehung ist im Grunde genommen immer dasselbe. Denn wer von seinem Partner nur erwartet, dass er der gewünschten Rolle entspricht, der signalisiert, dass er gar nicht sehen will, mit wem er da zusammen ist.

> Seine Botschaft lautet: »Ich sehe all deine tollen Anlagen und Fähigkeiten nicht, ich sehe nicht deine materiellen, körperlichen, seelischen und geistigen Ressourcen. Ich sehe nicht all die Möglichkeiten und Chancen, die sich mir durch dich eröffnen. Ja, selbst wenn du ein Genie wärst oder einer der besten Partner dieser Welt, ich würde es nicht sehen, weil ich nur auf die Rolle fixiert bin, die ich von dir erwarte.«

Oft ereignet es sich, dass die Rolle, die man für den Partner vorgesehen hat, selbst dann nicht verwirklichbar ist, wenn der Partner bereit ist, diese Rolle zu spielen. Wenn etwa eine Frau die Vorstellung hat, ihr Partner solle jedes Wochenende mit ihr und ihren Freunden eine Bergtour machen, dann kann es sein, dass sich solche Unternehmungen in der Wirklichkeit als gar nicht so schön und erfüllend erweisen, wie sie es sich ausgemalt hat. Das kann daran liegen, dass ihre Freunde ihren neuen Partner seelisch nicht annehmen können, dieser dort wie ein Fremdkörper erscheint oder weil ihm eine ihrer Freundinnen schöne Augen macht. Die Rolle bekommt dadurch eine eigene Dynamik, und der weitere Verlauf des Rollenspiels ist nicht selten mit seelischen Schmerzen verbunden.

Auch wenn bislang nur die negativen Folgen der gegenseitigen Rollenzuweisung beschrieben wurden, ist es wichtig festzuhalten, dass die meisten Menschen davon überzeugt sind, dass die Rolle, die sie ihrem Partner zuweisen, sich positiv auswirkt – für sie selbst und für den Partner. Das ist aber selten der Fall, da, wie im oben genannten Beispiel der Bergwanderungen deutlich wurde, oft eine große Diskrepanz zwischen Vorstellung und Realität herrscht. Rollenzuweisungen führen daher oft zur Unzufriedenheit in der Beziehung und mit dem Partner. Der Dramaturg des Schauspiels muss daher auch oft die bitteren Folgen seiner Rollenzuweisungen ertragen, also das erleiden, was er damit beim Partner erwirkt. Das kann ein Seitensprung sein, die Flucht in die Arbeit, Aggressionen, Wutanfälle oder im schlimmsten Fall Krankheiten und Süchte. Dadurch wiederum kommen Kettenreaktionen zustande, das Schicksalskarussell beginnt sich zu drehen.

Er muss also auch mit Reaktionen des Partners auf die Rollenzuweisungen rechnen, und er muss sich darüber im Klaren sein, dass die Partnerschaft in dieser Art nur eine begrenzte Zeit bestehen wird – und zwar so lange wie der Partner die Anpassung durchhalten kann. Man kann aber auch die Trennung noch weiter forcieren, indem man auf die beim Partner erwirkten ungünstigen Reaktionen wiederum selbst ungünstig reagiert (z. B. mit Druck oder Maßregelung).

Manche Menschen haben das Glück, dass sie Partner finden, die tatsächlich die Rolle in ihrem Lebensfilm zu spielen bereit sind. Gelingt es einem Partner, der erwarteten Rollenzuweisung zu entsprechen, genügen die Rolle und sein Rollenspiel plötzlich nicht mehr, weil die Rolle inzwischen weiter ausgebaut und verfeinert wurde. In die Rollenzuweisung werden dann vom ewig Unzufriedenen immer noch mehr Erwartungen und Aufgaben eingebaut. Das Anforderungsprofil wird ständig erweitert – so weit bis der jeweilige Partner sich bei seinen Bemühungen so sehr erschöpft (er wollte genügen, hat alles versucht), dass er ein »Burnout« erlebt, krank wird oder die Beziehung beendet.

Wenn man sich gegenüber der Rolle, die einem vom Partner zugewiesen wurde, **wehren** will, hat man gewöhnlich schlechte Karten. Denn man wird dann nicht mehr geliebt. Das liegt daran, dass der Partner nur den lieben kann, von dem er hofft, dass er sich in seine »Welt«, in seinen Film integriert, und von dem er glaubt, dass er die Rolle, die er von ihm erwartet, gut zu spielen vermag.

Oft besteht in einer Partnerschaft auch die unbewusste Vereinbarung: Wenn du die Rolle einnimmst, die ich von dir erwarte, dann erfülle ich die Rolle, die du von mir erwartest. Eine Klientin sprach dies direkt aus: »Wenn er die Freizeitaktivitäten mitmacht, die ich mir vorstelle, mit mir meine Freunde und meine Verwandten besucht und mich finanziell ein bisschen unterstützt, dann gehe ich mit ihm auch mal auf den Fußballplatz und spiele die Rolle im Bett, die er von mir erwartet.«

Jeder der beiden Partner muss also ein Angebot unterbreiten, das den anderen verlockt, die gewünschte Rolle zu übernehmen. Man muss sozusagen einen Köder auslegen, damit ein Partner anbeißt. Doch manche Menschen legen einen ungenießbaren Köder aus, an dem keiner anbeißen will, oder sie legen einen Köder aus, der gar keiner ist. Sie halten ihr Angebot für einen Köder, doch es hängt in Wirklichkeit an der Angel gar nichts dran oder es hängt sogar eine »Abschreckung« daran.

Und noch etwas: Würde man die Rolle, die der Partner im eigenen Lebensfilm zu spielen hat, in einem Marionettentheater darstellen, so würde Gelächter den Raum erfüllen. Der Einzige, der nicht darüber lachen könnte, wäre der Rollenzuweiser selbst. Im Gegenteil! Er würde wahrscheinlich aggressiv reagieren oder sogar beleidigt den Raum verlassen. Er würde der Bewusstwerdung dieser Rollenzuweisung eine massive Abwehr entgegensetzen.

Gibt es eine Lösung für Rollenzuweisungen?

Ja, sie besteht in drei Entwicklungsstufen:

1. Jeder der beiden Partner macht sich die Rolle, die er für den anderen vorgesehen hat, bewusst.
2. Jeder der beiden Partner macht sich die Rolle bewusst, die er für den anderen spielen soll.
3. Jeder verwirklicht für sich alleine das, was der Partner nicht mitleben will, weil er sich sonst verleugnen müsste, und das, woran man gemeinsam Freude hat, lebt man gemeinsam.

Es gäbe noch eine andere Lösung, die aber kaum jemand wagt: Bevor man als Paar zusammenzieht, schreibt jeder auf, welche Rolle er vom anderen erwartet. Man überreicht dann dem Partner seine »Stellenbeschreibung«, sodass dieser genau weiß, was auf ihn zukommt. Er kann dann sagen: »Ja, diese Rolle kann ich mir gut vorstellen.« Oder: »Nein, diese Rolle ist nichts für mich.«

Auf diese Art und Weise könnten sich die beiden Partner lange Umwege und Irrwege ersparen und würden nicht erst nach vielen Jahren durch sehr viel Schmerz und Leid merken, dass ihre Rollenzuweisungen nicht zueinanderpassen oder gar, dass alle Rollenzuweisungen an den Partner nur auf eigenen Defiziten beruhen, die man selbst auffüllen müsste.

Es besteht aber auch die Möglichkeit, dass man bereits im Vorfeld mit dem Partner verwirklichbare Kompromisse und Tauschgeschäfte vereinbart.

Die eleganteste und effizienteste Lösung jedoch ist: Man erkennt, dass die Rollenzuweisung ein Ersatz dafür ist, den Partner zu bitten, die eigenen Bedürfnisse zu stillen. Dabei heißt es zwischen wirklich eigenen Bedürfnissen und Ersatzbedürfnissen zu unterscheiden. Bei Ersatzbedürfnissen sollte man sich die Frage stellen, für welche wirklichen Bedürfnisse sie stehen. Weil Ersatzbedürfnisse keine echten Bedürfnisse sind, führt ihre Stillung zu keiner echten Befriedigung. Das Einfordern des Stillens von Ersatzbedürfnissen ist daher eine Sisyphusarbeit sowohl für den, der ihre Befriedigung einfordert als auch für den, der bereit ist sie zu stillen.

Man muss sich das einmal vor Augen führen: Man hat all die Jahre und Jahrzehnte, in denen man bestrebt war, den Partner endlich dazu zu bringen, dass er die eigenen Vorstellungen erfüllt, umsonst gekämpft und vielleicht sogar Beziehungen aus den falschen Gründen beendet.

Aber selbst wenn es dem Partner tatsächlich gelingen sollte, alle ihm zugedachten Rollenzuweisungen zu erfüllen – was höchst selten vorkommt –, bleibt man unzufrieden, weil die eigenen Defizite, also die Ursache für die Rollenzuweisungen, bestehen bleiben und die dahinterliegenden wahren Bedürfnisse nicht gestillt worden sind.

Wenn eine Frau zum Beispiel Wertschätzung von ihrem Mann braucht, entwickelt sie bestimmte Vorstellungen, auf welche Weise er ihr seine Wertschätzung zeigen soll – etwa, dass er ihr jede Woche einmal Blumen mitbringt, dass er sie

in vornehme Lokale ausführt oder dass er ihr einen Heirats-
antrag macht. Der Partner befindet sich dann in einer Rollenzuweisung, die das Ziel hat, den gehemmten Eigenwert
der Partnerin zu kompensieren. Eine andere Frau leidet vielleicht unter demselben Defizit, aber sie assoziiert mit Wertschätzung eher, dass ihr Partner sie zu einer Reise auf einen
anderen Kontinent einlädt oder ihr eine schicke Wohnung
kauft.

Wie auch immer: Selbst wenn er sich noch so sehr an-
strengt, all ihren Vorstellungen zu entsprechen, wird ein
Mann das Defizit an Eigenwert dieser Frauen niemals auffüllen können – es wäre ein Fass ohne Boden. Und sollte
es ihm tatsächlich gelingen, sie im wirklichen Sinne wertzuschätzen, könnten sie nichts damit anfangen, weil sie auf
ihre jeweiligen Vorstellungen, wie die Wertschätzung zu erfolgen hat, fixiert sind.

Das liegt daran, dass ein Defizit an Eigenwert nur jeder für
sich selbst ausgleichen kann. Dies kann geschehen, indem
man sich bewusst macht, dass nur ein Kind um seiner selbst
willen geliebt und wertgeschätzt wird. Als Erwachsener hingegen ist es wichtig, dass man eine Anlage oder mehrere
Fähigkeiten ausbildet, damit ein realer Grund für die Wertschätzung vorhanden ist.

Es ist schwierig, den Partner wegen seiner Ersatzgefühle
und Ersatzfähigkeiten wertzuschätzen. Er kann aber Wertschätzung erfahren z. B. für seine Zärtlichkeit, für seine Fürsorge, für seinen quirligen Geist …

Wenn die beiden Frauen aus dem oben genannten Beispiel solche oder andere echte Qualitäten in die Beziehung
einbringen, müssen sie keine Wertschätzung mehr einfordern, die an einen bestimmten Ablauf geknüpft ist. Sie erhalten sie einfach so, ohne darum kämpfen zu müssen.

»Nicht da ist man daheim,
wo man seinen Wohnsitz hat,
sondern da,
wo man verstanden wird.«

CHRISTIAN MORGENSTERN

Die zehn irrealen Formen der Liebe

Für die meisten Menschen ist Liebe das Schönste, was es auf dieser Welt gibt. Es scheint so, als ob dieses Gefühl das Einzige ist, das vom Paradies in die Kollektivneurose (siehe Begriffserklärung im Anhang) herübergerettet werden konnte. Doch leider hat auch die Liebe im Kontext der Kollektivneurose Verfälschungen erfahren, die für die Partneranziehung und für das Zusammenleben als Paar weitreichende Folgen haben. Es ist wichtig, diese Verfälschungen zu kennen, um die vielen Konflikte und Probleme in Partnerschaft und Ehe verstehen und relativieren zu können.

Nur weil man immer wieder im guten Glauben annimmt, die Liebe zu dem jeweiligen Partner sei die einzig wahre und echte, ist eine Krise in der Partnerschaft oder eine Trennung vom Partner mit so großen seelischen Schmerzen verbunden. Und nicht nur das! Auch viele körperliche Erkrankungen sind Folgeerscheinungen oder Widerspiegelungen von solchen seelischen und geistigen Konflikten. In dem Moment, in dem der Einzelne aber sieht, dass die Liebe in der Kollektivneurose nur ein unbewusstes Rollenspiel ist und welchen Part er dabei einnimmt, erwacht er in der Wirklichkeit. Hat er diese Realität erst einmal begriffen, ist er weitgehend resistent gegen Liebeskummer, schlechte Stimmungslagen, psychosomatische Erkrankungen oder gar Suizidgedanken.

Fassen wir zusammen, was sich aus den bisherigen Ausführungen ergibt und stellen die zehn irrealen Formen der Liebe vor:

1. *Liebe aufgrund von Vater-, Mutter-, Bruder- oder Schwesterübertragung*
Das Phänomen der Übertragung haben wir bereits ausführlich auf den Seiten 56 ff. dargestellt.

2. *Liebe zum Gegenbild (von Vater, Mutter, Bruder oder Schwester)*
Wenn jemand mit seinem Vater, mit seiner Mutter oder mit seinen Geschwistern keine guten Erfahrungen gemacht hat, entsteht in der Psyche des Betreffenden ein Gegenbild dazu.
War z. B. die Mutter unorganisiert und nicht besonders ordentlich, so kann der Sohn eine Liebe zu ihrem Gegenbild entwickeln, d. h. er liebt Frauen, die sehr diszipliniert und besonders ordentlich sind.
Litt die Tochter darunter, dass der Vater sich zu wenig um sie gekümmert hat, kann es sein, dass sie nur Männer mag, die ihr besonders viel Fürsorge und Schutz entgegenbringen.
Menschen, die ein Gegenbild zu einer früheren Bezugsperson entwickelt haben, wollen oft ihren Partner so erziehen, dass er deckungsgleich mit ihrem Gegenbild wird. Dafür kämpfen sie häufig leidenschaftlich – ein aussichtsloses Unterfangen. Denn jeder Mensch ist ein eigenes Individuum und nicht allein deshalb auf der Welt, um dem in der Psyche seines Partners wohnenden Gegenbild zu entsprechen.

3. *Liebe zum eigenen Vorstellungsbild*

Dabei identifiziert man sich ganz mit dem Partner und glaubt, er wäre genau das Pendant zu einem selbst im anderen Geschlecht. Oft hängt damit auch die Vorstellung zusammen, man sei füreinander vorbestimmt. Früher oder später merkt man aber, dass dieser Traumprinz oder diese Traumprinzessin auch nur ein Mensch ist, also Fehler und Schwächen aufweist, die im Gegensatz zum eigenen Vorstellungsbild stehen.

Auf diese Weise durchlaufen die Betreffenden die sieben Phasen der Identifikation: die euphorische Phase, die Phase des Erkennens der Realität, die Stagnationsphase, die Frustrationsphase, die Reduktionsphase, die Resignationsphase und schließlich die apathische Phase.

Während man in der euphorischen Phase den Partner nur in einem rosa Licht sieht, hat man in der apathischen Phase das Gefühl, der Partner wäre ein schwerer psychiatrischer Fall. Man muss sich das mal vor Augen führen: Es handelt sich immer um ein und dieselbe Person! Man liebt also hier letztendlich nicht den Partner als solchen, sondern nur das eigene Vorstellungsbild, das man auf ihn projiziert hat.

4. *Liebe zum Mannsbild oder zum Weibsbild*

Im Gegensatz zur Liebe zum eigenen Vorstellungsbild, liebt man hier den Partner schon allein deshalb, weil er für einen das Weibliche bzw. Männliche schlechthin verkörpert, weil er ein idealer Vertreter seines Geschlechts ist.

5. *Liebe zu den Anpassungs- und Abwehrmechanismen des anderen*

Bei dieser Form der Liebe liebt man vor allem die Abwehr- und Anpassungsmechanismen, die der Partner auslebt. Es sind entweder dieselben Mechanismen, die man selbst bevorzugt oder jene, die man zur Ergänzung der eigenen Persönlichkeit braucht.

Zum Beispiel fühlt man sich von einem Partner angezogen, der auf gleiche Weise seine Triebe sublimiert hat oder der dieselben Symbole liebt, die als Ersatz für wahre Anlagen fungieren, z. B. Gartenzwerge oder Porzellanenten. Oder man ist begeistert von seinem Partner, weil er seine Gefühle symbolisch ausagiert: beispielsweise Aggressionen durch schnelles Autofahren.

6. *Liebe zur Co-Neurose*

Hier handelt es sich um eine abhängige Liebe, z. B. die Liebe des Hilflosen zum Helfer, des Masochisten zum Sadisten oder des Co-Abhängigen zum Süchtigen. Diese Liebe hält meist nur so lange wie das Abhängigkeitsverhältnis aufrechterhalten wird. In dem Moment, in dem der Alkoholiker suchtfrei geworden ist oder der Hilflose keine Hilfe mehr braucht, ist die Beziehung aufs Äußerste gefährdet.

7. *Liebe zum Symbol*

Man kann auch ganz versessen auf einen Partner sein, der die eigenen Defizite symbolisch ausgleicht. So kann es sein, dass ein Mann aus dem süddeutschen Raum eine Frau nur deshalb begehrt, weil sie »Dirndlkleider« trägt. Das Dirndlkleid steht symbolisch für Heimat und Geborgenheit.

Bei dieser Form der Liebe bekommt ein bestimmtes Merkmal eines Menschen so große Bedeutung, dass dessen andere Eigenschaften und Eigenarten völlig in den Hintergrund treten: Der Partner wird nur wegen dieses symbolischen Ausgleichs bzw. wegen eines bestimmten Merkmals geliebt und nicht um seiner selbst willen.

8. *Liebe zu einer zugewiesenen Rolle*

In diesem Fall liebt man denjenigen Partner, der artig die Rollen erfüllt, die man ihm zugewiesen hat. Würde er sich eines Tages weigern, den Rollenzuweisungen seines Partners zu entsprechen, wäre die Liebe zu ihm schnell erloschen.

9. *Die Liebe zu sich selbst*

Hier liebt man sich selbst im Partner (narzisstische Liebe). Man sieht in dem Partner sehr viele Ähnlichkeiten mit sich selbst. Und da man sich selbst so toll findet, ist man auch von seinem Partner fasziniert.

10. *Liebe zum Stabilisierungsobjekt*

So wie der Co-Alkoholiker nicht glaubt, im Unbewussten mit dem Suchtkranken komplementär verflochten zu sein, so kann auch derjenige, der sich darüber beklagt, dass sein Partner so »niveaulos«, so »schwach« oder so »dumm« ist, nicht verstehen, dass er genau diesen Partner mit genau dieser spezifischen Eigenart zur Stabilisierung seines Persönlichkeitssystems braucht. So kann man sich z. B. gegenüber einem »dummen« Partner besonders intelligent fühlen. Wäre der Partner genauso intelligent wie man selbst oder gar intelligenter, ginge dies nicht.

Auf der Ebene des Bewusstseins möchte man eigentlich einen intelligenten Menschen zum Partner haben, doch das Unbewusste weiß, dass es besser ist, einen weniger intelligenten Partner anzuziehen. Hinzu kommt, dass der Partner unter Umständen gar nicht wirklich dumm ist, aber so eingeschätzt wird, damit er als Stabilisierungsobjekt fungieren kann.

Wichtig ist es, sich diesen Mechanismus bewusst zu machen, um so mit dem Jammern und Klagen aufhören zu können. Ferner muss dabei auch klar werden, dass eine Trennung vom Partner nicht die Lösung sein kann, solange man ihn noch zur Stabilisierung seines Selbst braucht. Denn gesetzt den Fall, man würde sich von ihm trennen, ohne seine Problematik bewältigt zu haben, dann würde das Unbewusste ohnehin nur wieder einen »dummen«, »niveaulosen« oder »schwachen« Partner anziehen.

Der Einzelne bleibt also auch in all diesen Fällen ein unbewusster Schauspieler in einem Theaterstück, dessen Drehbuch er nicht kennt, solange er sich nicht auf den Weg macht, zu seinen wahren Bedürfnissen, Anlagen und Qualitäten zu gelangen.

> So verdreht die Liebe bei den zehn irrealen Formen auch in Erscheinung treten mag, ist es doch immer noch schöner, aufgrund einer Illusion zu lieben und geliebt zu werden, als gar keine Liebe zu erfahren. Im Grunde genommen stellen all diese irrealen Formen der Liebe wichtige Entwicklungsschritte auf dem Weg zur wahren Liebe dar. Denn nur indem erkannt wird, was irreal ist, kann bewusst werden, was reale Liebe bedeutet.

Die folgenden Statements sollen verdeutlichen, in welchen Überzeugungen sich solch eine unwirkliche Liebe äußert:

- »Ich würde dich lieben, wenn du nur nicht so wärst, wie du bist.«
- »Ich würde dich lieben, wenn du meiner Vorstellung entsprechen würdest.«
- »Ich würde dich lieben, wenn du meinem Bild von einer Frau bzw. einem Mann entsprechen würdest.«

- »Ich würde dich lieben, wenn du meinen Idealpartner verkörpern würdest.«
- »Ich würde dich lieben, wenn du meiner Sexualfantasie entsprechend wärst.«
- »Ich würde dich lieben, wenn du so wärst, wie ich dich brauche.«
- »Ich würde dich lieben, wenn du alle meine Rollenzuweisungen erfüllen würdest.«
- »Ich würde dich lieben, wenn du denselben Anpassungsmechanismus bevorzugen würdest wie ich.«
- »Ich würde dich lieben, wenn du so wie meine Mutter bzw. mein Vater wärst.«
- »Ich würde dich lieben, wenn du das Gegenbild zu meinem Vater bzw. meiner Mutter wärst.«

Besinnungsfragen zum Thema
Mutter, Vater und Rollenzuweisungen

Die nachfolgenden Besinnungsfragen sollen dazu anregen, über die individuelle Problematik und über die eigene Beziehung nachzudenken. Außerdem wäre es sehr hilfreich, darüber mit dem Partner zu sprechen. Auf diese Weise kann es gelingen, zu mehr Realität vorzustoßen. Denn nur auf der Basis der Realität lässt sich eine tragfähige Beziehung aufbauen.

- Aus welchen Gründen kann es sein, dass der bzw. die Falsche eigentlich der bzw. die Richtige für mich ist?
- Wie würde ich meine leibliche Mutter beschreiben?
- Wie kann ich zur wahren Mutter in mir finden?
- Welche Beziehung hatte ich zu meinem leiblichen Vater?
- Wie kann ich zu meinem wahren Vater in mir finden?
- Welche Schicksalsfolgen sind auf mein positives oder negatives Vater- bzw. Mutterbild zurückzuführen?
- Warum kommt es zu Rollenzuweisungen in der Partnerschaft?
- Welche Rolle hatte ich in meinem Elternhaus inne?
- Gibt es eine Rolle, die mir entsprechen würde? Welche wäre das?
- Welche Rolle habe ich für meinen Partner vorgesehen?
- Welche Rolle hat mein Partner mir zugewiesen?
- Welchen »Gewinn« erzielen mein Partner und ich durch die jeweilige Rollenzuweisung?
- Werde ich nur geliebt, wenn ich die Rolle, die mir mein Partner zuweist, spiele?

- Muss mein Partner sich verleugnen, um meine Rollenzuweisungen zu erfüllen?
- Können wir über unsere Rollenzuweisungen offen sprechen und uns dadurch von ihnen lösen?

DRITTER TEIL

Coaching zu einem passenden Partner

*»Nichts ändert sich, bis man sich selbst ändert.
Und plötzlich ändert sich alles.«*

UNBEKANNT

Die Veränderung beginnt in einem selbst

Eigentlich sollten sich die meisten Menschen, die sich auf die Partnersuche begeben, zuerst einem Coaching unterziehen – einem Selbstcoaching oder einem Coaching durch eine andere Person. Warum? Weil man sonst mit seinem irrealen Selbstbild, seinen unbewussten Programmen, seinen alten Glaubenshaltungen auf Partnersuche geht. Da nützt es auch nichts, wenn man noch so viele Blind-Dates absolviert oder Partnervorschläge im Internet erhält. Denn man nimmt in jede neue Begegnung sein Paket aus der Vergangenheit mit, hat daher blinde Flecke bei sich selbst, schätzt andere Menschen falsch ein, und entscheidet sich erneut für einen »falschen« Partner.

Man kann dann nur wieder eine neue irreale Form der Liebe praktizieren, und bleibt weiterhin von seiner eigenen Entwicklung abgeschnitten. Erst wenn alte Gefühlsraster und unrealistische Überzeugungen verändert werden, besteht die Chance, im wirklichen Leben oder im Internet einen Partner zu finden, mit dem eine Beziehung gelingen kann.

Ein Coaching ist auch deshalb oft anzuraten, weil die Bewusstwerdung der beziehungsverhindernden und -belastenden Faktoren sowie gute Vorsätze alleine noch keine Verbesserung im Leben bewirken.

Für das Unbewusste ist es wichtig, dass der Einzelne sogenannte vertrauensbildende Maßnahmen durchführt. Vertrauensbildende Maßnahmen zu ergreifen bedeutet, dass man das Bewusstgewordene und neu Erlernte auch wirklich umsetzt, dass man tatsächlich zu einem anderen Fühlen, Denken und Handeln übergeht, dass man sich anders verhält, dass man Anlagen und Fähigkeiten ausbildet, dass man wirklich das alte Fahrwasser verlässt und die Fehler, die immer wie unter Zwang wiederholt worden sind, abstellt, dass man Schritte unternimmt, die von der alten Prägung bzw. von dem alten Theaterstück weg und hin in ein Land führen, in dem eine freie Wahl möglich ist.

Die alten Programme können nur gelöscht werden, wenn man neue lebt! Das Unbewusste kann dann die bisherige Anziehung von Personen und Ereignissen nicht mehr aufrechterhalten, sondern inszeniert aufgrund der neu entwickelten wirklichkeitsadäquaten Glaubenshaltungen und des anderen Verhaltens angenehme Partnersituationen und Schicksalsereignisse. Wie der Trainer einen Sportler dazu bringen sollte, seine optimale Leistungsfähigkeit zu erreichen und abzurufen, so hat ein Coach die Aufgabe den Klienten zu einem optimalen Leben entsprechend seiner eigenen Identität zu verhelfen.

Ein Coaching ist manchmal so frappierend einfach, dass man sich oft fragt, warum der Klient auf die Lösung nicht schon längst von selbst gekommen ist. Doch wenn sich jemand in seinem »Film« befindet, ist es gar nicht so leicht, einmal innezuhalten und die Szenerie aus einer Vogelperspektive zu betrachten. Als Coach hingegen kann man bereits an der Lebensgeschichte des Klienten Entscheidendes raushören und nicht selten sind es nur Kleinigkeiten, die große Veränderungen bewirken können.

Hierzu soll kurz der Fall von Gerald geschildert werden, der beruflich als Webdesigner tätig ist. Gerald hatte, obwohl er schon 34 Jahre alt war, noch nie mit einer Frau geschlafen. Da er diese Situation endlich ändern wollte, nahm er ein Coaching in Anspruch.

Gerald ist ohne Vater aufgewachsen und hatte daher wenig Möglichkeit, sich an einem männlichen Vorbild zu orientieren. Schon beim ersten Coaching-Gespräch wurden folgende erfolgsverhindernde Verhaltensweisen evident:

1. Wenn Gerald eine Frau kennenlernte, bombardierte er sie umgehend mit SMS, Mails und Anrufen, ohne ihr die Möglichkeit zu geben, darauf zu antworten. Damit zeigte er seine Bedürftigkeit. Die Frauen fühlten sich bedrängt und brachen den Kontakt zu ihm nach kurzer Zeit ab.
2. Er schüttete bereits beim ersten Rendezvous sein Herz aus und zeigte offen seine Gefühle und seine seelischen Schmerzen.
3. Er gestand der jeweiligen Frau schon beim ersten Kontakt, dass er noch nie mit einer Frau Intimkontakt gehabt hatte.
4. Er besitzt zwei Autos, eine Limousine der gehobenen Mittelklasse und einen Oldtimer, den er sehr liebt und von dem er Ersatzteile in seiner Wohnung aufbewahrt. Mit diesem Oldtimer fuhr er zu den Rendezvous mit der Erwartung, dass die jeweilige Angebetete seine Begeisterung für alte Autos teilen würde.
5. Er wohnt im Dachgeschoss eines Reihenhauses und muss die Treppe mit den Eigentümern teilen.
6. Abgesehen von der Fahrt zur Arbeit per Fahrrad treibt er keinen Sport.
7. Er ist unsicher im Reden.

Im Coaching wurden folgende Schritte vorgeschlagen:

1. Es wurde die Devise ausgegeben: SMS nur wohldosiert senden und auch erst dann, wenn eine Antwort erfolgt ist.

2. Er darf mit Frauen in Bezug auf das Zeigen der eigenen Gefühle nicht in Konkurrenz treten, d. h. er darf bei den ersten Kontakten nicht sein Seelenleben offenbaren.

3. Er muss verschweigen, dass er noch nie einen Intimkontakt mit einer Frau hatte.

4. Ein großer Teil seiner libidinösen Energie ist in seinem Oldtimer gebunden. Damit diese Energie frei wird, ist es wichtig, dass dieser an Priorität verliert. Die Ersatzteile sollte er in seiner Garage lagern, um seine Anziehung zu verbessern.

5. Es wurde ihm nahegelegt, aus der bisherigen Dachgeschosswohnung auszuziehen, da er zu stark in die Eigentümerfamilie involviert ist (unbewusste Elternübertragung). Jeder Damenbesuch würde von den Eigentümern des Reihenhauses registriert werden. Diese »Ersatzeltern« würden sich fragen: Kommt er allein nach Hause? Wenn nein, mit wem? War diese Frau schon einmal da? Passt sie zu ihm? Bleibt sie die ganze Nacht?
Kurzum: Er braucht eine Wohnung, in der er frei agieren kann und nicht unter Beobachtung steht.

6. Um seine Männlichkeit zu stärken, sind besonders Sportarten geeignet, bei denen er gegen einen oder mehrere Gegner kämpfen muss. Aufgrund der Aggressivität und des Kampfes ist mit einer vermehrten Testosteronausschüttung zu rechnen. Der höhere Testosteronspiegel hat zur Folge, dass er auf das andere Geschlecht agiler und männlicher wirkt.

7. Um im Reden sicherer zu werden, wurde ihm die Aufgabe gestellt, mehrere Kommunikations-Trainings zu absolvieren.

Schon nachdem Gerald die ersten Veränderungen in seinem Verhalten und Denken realisiert hatte, merkte er, dass sich einiges in seinem Leben zum Positiven wendete und dass die Menschen in seinem Umfeld ihm freundlicher und wohlwollender gesonnen waren. Dies motivierte ihn zusätzlich, auch die nächsten Aufgaben mit Elan anzugehen.

Nach sechs Monaten hatte Gerald alle sieben Schritte, die im Coaching verabredet wurden, absolviert. Er war nicht wiederzuerkennen. Aus ihm ist ein echter Mann geworden. Bereits nach vier Monaten lernte er Sarah kennen, mit der er sich seelisch und geistig gut versteht, und mit der er auch sexuelles Glück erlebt. Heute kann Gerald nicht verstehen, dass es bei ihm so lange gedauert hat, bis eine funktionierende Partnerbeziehung möglich wurde.

»Lebensverhinderer« erkennen und sich von ihnen lösen

Etwas anders gelagert ist der Fall von Andrea: Andrea ist die Tochter eines Ehepaares, das einer religiösen Sekte angehörte. Aufgrund der vielen religiösen Rituale und der rigiden Einschränkungen auf fast allen Lebensgebieten floh sie bereits mit 16 Jahren aus dem Elternhaus und landete schließlich bei Carla, einer 47-jährigen Frau, mit der sie in einer Wohngemeinschaft lebte. Sie hatten den Mietvertrag gemeinsam abgeschlossen und ein gemeinsames Konto bei einem Bankinstitut eingerichtet. Andrea war ganz begeistert, dass sie bei Carla ein richtiges Zuhause gefunden hatte.

Nach einiger Zeit aber entpuppte sich Carla als neuer Lebensverhinderer. Immer mehr schlüpfte sie in die Rolle einer Kontrolleurin und Detektivin. Sie überwachte Andreas Handy, las ihre E-Mails und verbot ihr, mit jungen Männern auszugehen.

Nach zwölf Jahren kam der Moment in dem Carla erkannte, dass sie nun nicht mehr verhindern konnte, dass Andrea erwachsen wurde. Und so suchte sie einen Mann für Andrea aus. Thilo war ein schüchterner und gehemmter Mann, mit dem Andrea, obwohl sie ihn nicht lieben konnte, zehn Jahre lang liiert war. Als sich Andrea immer unglücklicher fühlte und sich endlich eine lebendige und erfüllende Beziehung wünschte, beschloss sie, sich coachen zu lassen.

Aufgrund der Vorgeschichte und der misslichen gegenwärtigen Situation von Andrea war klar, dass ihre Lebensenergien gebunden waren – in der Beziehung zu Carla, in dem gemeinsamen Mietvertrag, in dem gemeinsamen Bankkonto und in der Partnerschaft mit Thilo. Daraus ergaben sich zwangsläufig folgende Schritte.

Andrea wurde dazu ermutigt, die Beziehung zu Carla, die die Rolle einer Ersatzmutter für Andrea spielte, zu beenden. Außerdem war für sie wichtig, den gemeinsamen Mietvertrag zu kündigen und das gemeinsame Bankkonto aufzulösen. Sowie sich eine eigene Wohnung zu suchen, um ein unabhängiges Leben verwirklichen zu können. Und schließlich war eine Trennung von Thilo angezeigt, weil sonst die Entwicklung von beiden Partnern blockiert bleiben würde.

Nachdem Andrea diese fünf Schritte vollzogen hatte, konnte sie nach und nach damit beginnen, auf eigenen Füßen zu stehen. Es dauerte nicht lange und sie lernte Frank kennen, mit dem sie eine innige und liebevolle Beziehung einging. Ferner war erstaunlich, dass sich plötzlich Andreas Eltern nach 22 Jahren bei ihr meldeten. Andrea ist es gelungen, eine gute Beziehung zu ihnen aufzubauen, ohne aber ihrem Einfluss unterworfen zu sein.

Die Fälle von Gerald und Andrea machen deutlich, wie wichtig es ist, gebundene bzw. falsch investierte Energien wieder freizusetzen. Die nachfolgende Auflistung soll verdeutlichen, wo Energien gebunden sein können:

- In Rollen (z. B. als Kumpel, als Helfer, als Enfant terrible etc.).
- In einer Sucht.
- In bewussten und unbewussten Projektionen.
- In unbewussten Vater-, Mutter-, Bruder- oder Schwester-übertragungen.
- In einer überdimensionierten Beziehung zu seinem Kind (z. B. Kind als Partnerersatz, Kind als Substitut des eigenen Selbst von Vater bzw. Mutter).
- In einer überdimensionierten Liebe zu einem Haustier (nur wenn das Haustier als Kind- oder als Partnerersatz fungiert).
- In Fixierungen (z. B. auf einen Guru).
- In einer Krankheit (Somatisierung der Energie).
- In Materialisationen (Oldtimer, Briefmarkensammlung etc.).
- In Identifikationen (Vereine, Ideologien etc.).
- In Sublimierungen.
- In Symbolen.
- In sexuellen Perversionen.

Coache dich selbst

All das, was man in seiner Psyche, in seiner Innenwelt mit sich selbst macht, erlebt man quasi als Widerspiegelung auch in der Außenwelt. Dies entspricht dem Gesetz der Affinität, dem Gesetz der seelischen Verwandtschaft bzw. dem Gesetz »Wie innen so außen« (diese und weitere Gesetzmäßigkeiten werden im Anhang ab S. 217 erläutert).

Konkret bedeutet dies, dass jeder, der in seiner Innenwelt ein Bedürfnis unterdrückt, in der Außenwelt Situationen erzeugt, in denen dieses Bedürfnis ebenfalls nicht zugelassen wird. Wenn jemand sich beispielsweise selbst belügt, wird er auch von anderen Menschen belogen werden. Oder:

Kritisiert sich jemand innerlich ständig selbst, wird er auch in der Außenwelt kritisiert werden.

Aber auch der zu einem inneren Gefühl entsprechende Gegenpol kann angezogen werden: Wer in seiner Psyche Schuldgefühle beherbergt, wird aufgrund des archaischen Schuld-Sühne-Prinzips von anderen bestraft werden. Das Schuldgefühl wird somit durch den Gegenpol, durch die Strafe, ausgeglichen.

Insofern ist für das eigene Schicksal entscheidend, wie es in der eigenen Innenwelt aussieht, **was der Einzelne mit sich selbst macht**. Im Grunde genommen wissen die wenigsten Menschen, was sie mit sich selbst machen bzw. wie sie mit sich selbst umgehen, weil sie gewöhnlich so sehr in alten Gefühlen, Denkweisen, Mustern und Programmen gefangen sind, dass sie nicht genug Selbstdistanz entwickeln können, um einen klaren Blick auf ihr Innenleben zu werfen.

Der Einzelne meint, die äußeren Umstände seien unverrückbar und unabänderlich. In Wirklichkeit aber ist die äußere Welt und wie sie der Einzelne erlebt, in großen Teilen nur eine Widerspiegelung seiner Innenwelt oder der Gegenpol dazu. Wer ein besseres Leben erreichen will, für den ist es deshalb eminent wichtig, sich selbst auf die Schliche zu kommen und zu erkennen:

- Wie er sich selbst etwas vormacht.
- Wie er sich selbst austrickst.
- Wie er mit sich selbst kämpft.
- Wie er sich selbst entwertet.
- Wie er sich selbst belügt.
- Wie er sich selbst blockiert.
- Wie er sich selbst betrügt.
- Wie er sich selbst widerspricht.
- Wie er sich selbst sabotiert.

- Wie er vor sich selbst eine Rolle spielt.
- Wie er vor sich selbst einen Schein wahrt.
- Wie er mit sich und anderen Spiele spielt.
- Wie er bei sich selbst Anlagen unterdrückt.
- Wie er sich selbst bestraft.
- Wie (und warum) er Regeln befolgt oder für andere aufstellt.
- Wie er sich selbst belohnt.
- Wie er seinen Mangel auf einem Lebensfeld durch ein anderes Lebensfeld kompensiert.
- Wie er einer Bewusstmachung aus dem Wege geht.
- Wie er verdrängt.
- Wie er vor Problemen und Konflikten flüchtet.
- Wie er Verantwortung vermeidet.
- Wie er der Realität ausweicht.

Durch diese Selbstbefragung ist es möglich, die eigene Innenwelt zu erkennen und dadurch mehr Verständnis für die äußere Szenerie zu entwickeln. Ziel ist es, durch eine Veränderung der Innenwelt, d. h. durch Ablegen von alten Gefühlsrastern und überkommenen Glaubenshaltungen eine Veränderung der Situationen und Rahmenbedingungen in der Außenwelt zu erwirken. Denn ständig nur die Symptome in der Außenwelt zu bekämpfen oder verändern zu wollen ist eine sinnlose, vergebliche Anstrengung. Man hat damit zwar bis zum Exitus gut zu tun und es fällt einem auch nie vor Langeweile die Decke auf den Kopf, aber man wird auch kein besonders freudvolles Leben erreichen können. Am besten ist es, nach und nach die inneren Manöver zu beenden und aufgrund eines neuen wirklichkeitsadäquaten Fühlens und Denkens auch in der Außenwelt die neuen Rahmenbedingungen selbst zu schaffen. Dadurch bleibt nur noch ein geringes »Schicksals-Restrisiko«, mit dem es sich leben lässt.

»Von der Sonne lernen zu wärmen,
vom Mond lernen, sich zu verändern,
von den Sternen lernen, einer von vielen zu sein,
von der Erde lernen, mütterlich zu sein,
von den Wolken lernen zu schweben,
vom Wind lernen, Anstöße zu geben,
vom Sturm lernen, kraftvoll zu sein,
vom Regen lernen, sich zu verströmen,
von den Bäumen lernen, standhaft zu sein,
von den Blättern lernen, loszulassen,
von den Blumen lernen zu leuchten,
von den Frühlingsbüschen lernen, sich zu erneuern,
von den Steinen lernen zu bleiben,
von den Vögeln lernen, Höhe zu gewinnen,
von den Jahreszeiten zu lernen,
dass das Leben immer von Neuem beginnt.«

INDIANISCHE WEISHEIT

Gebundene Energien als Ursache für falsche Partneranziehung und Schwierigkeiten in Beziehungen

Anja (41) leidet sehr darunter, dass sie seit einigen Jahren Single ist. Zwar tauchten von Zeit zu Zeit immer wieder potenzielle Partner in ihrem Leben auf, aber die wollten sich nicht fest binden. Entweder waren sie bereits verheiratet, oder sie strebten nur eine kurze Affäre an, oder es handelte sich um sehr freiheitsliebende Männer, die nur sporadisch bei ihr vorbeischauten. Anjas sehnlichster Wunsch aber ist es, in einer festen Beziehung zu leben.

Im Gespräch mit ihr wird schnell klar: Bewusst will sie eine Beziehung, aber unbewusst tut sie alles dafür, dass es nicht dazu kommt. Diese Diskrepanz zwischen dem bewussten und dem unbewussten Wollen ist eine Schwierigkeit, die sowohl die Partneranziehung als auch den Verlauf einer Partnerschaft ungünstig beeinflusst.

Wie aber ist es möglich, dass Anja unbewusst gerade das abwehrt, was sie sich so sehr wünscht? Anjas Energien sind bereits gebunden in ihrem überaus starken beruflichen Engagement, in einer überdimensionierten Beziehung zu ihrer Tochter Michaela (17) und in ihrer Alkoholsucht (sie trinkt jeden Abend eine Flasche Wein).

Aufgrund dieser drei Bindungen ist in ihrem Leben kein Platz für einen Partner, sie hätte – realistisch gesehen – auch keine Kraft und keine Zeit für eine weitere Bindung. Da sie sich dieser Tatsache jedoch nicht bewusst ist, hält sie sich selbst für beziehungsfähig, ihre potenziellen Partner dagegen für beziehungs- oder bindungsgestört.

Es ist ein weit verbreitetes Phänomen, dass man die eigenen Blockaden und Abwehrmanöver nicht sieht, ja sie gar nicht als Beeinträchtigung der eigenen Beziehungsfähigkeit erkennt.

Im Grunde genommen ist es so, dass derjenige, der unbedingt eine Beziehung eingehen möchte und sich die Nähe zu einem Partner so sehr wünscht, unbewusst Distanz schafft. Solche Distanz schaffenden Manöver hindern einen potenziellen Partner daran, mehr Nähe zu suchen. Denn warum sollte er mehr Nähe und Bindung wollen, wenn eigentlich gar kein Platz für ihn da ist?

Es ist sogar noch schlimmer: Man zieht aufgrund der unbewussten Abwehrmanöver von vornherein »falsche« Partner an, also solche, an die man sich nicht binden kann, weil sie irgendein Manko oder Handicap haben. Und die »falschen« Partner haben dasselbe Empfinden.

Man kann sogar so weit gehen und sagen: Der unbewusste Beziehungsvermeider ...

... lässt Distanz üben.
... lässt die Beziehung irritieren.
... lässt Seitensprünge machen.
... lässt die Trennung vollziehen.
... lässt die Scheidung einreichen.

Der unbewusste Beziehungsvermeider setzt den bewussten Beziehungsvermeider hierfür ein, führt also selbst eine Situation herbei, unter der er dann leidet.

Anziehung

unbewusstes bewusstes Distanzschaffen
Distanzschaffen (pervertierter Gegenpol –
aufgrund von Verdrängung)

Ganz ähnlich wie beim unbewussten und bewussten Beziehungsvermeider ist die Situation beim unbewussten und bewussten Geiz. Gerade Frauen klagen in unseren Seminaren oft darüber, dass sie immer wieder geizige Männer anziehen. Auch hier liegen Ursachen vor, die sich meist dem bewussten Erkennen entziehen.

Wenn eine Frau immer nur ihren subjektiven Geschmack verwirklicht, es also ablehnt sich auch mal »männerfreundlich« zu kleiden, ausschließlich ihren eigenen Lebensstil durchzieht sowie ohne Rücksicht zu nehmen ihre Vorstellungen durchzusetzen versucht, bekommt der Mann von ihr nichts, was er brauchen kann, nichts, was seine Bedürfnisse stillt.

Es handelt sich dabei um einen unbewussten Geiz vonseiten der Frau, der einen bewussten Geiz des Mannes zur

Folge hat. Der Mann will ihr nichts geben, ist finanziell nicht großzügig und beginnt auch, mit seiner Zeit zu geizen, d. h. er geht auf Distanz. Der unbewusste Geiz der Frau, nämlich mit ihren Reizen zu geizen, nur ihre Vorstellungen zu verwirklichen und dem Mann nicht das zu geben, was er brauchen würde, um sich von ihr geliebt zu fühlen, steht in einer komplementären Beziehung zum bewussten Geiz des Mannes.

Sie beklagt sich dann darüber, dass sie immer nur an geizige Männer gerät bzw. an Männer, die eine Disposition zu Geiz haben, ohne zu ahnen, dass sie durch ihr Verhalten diese Disposition in ihren Partnern weckt. Sie jammert über die Wirkungen, die sie verursacht, will diese Symptome bekämpfen oder hofft darauf, dass eines Tages einmal ein großzügiger Mann auftaucht, der sie so liebt, wie sie ist.

Aufgrund der eben aufgezeigten Gesetzmäßigkeit kann sich ihr Wunsch jedoch niemals erfüllen. Es sei denn, sie macht sich ihren unbewussten Geiz bewusst, wird selbst großzügiger und einfühlsamer und stillt einige der Bedürfnisse ihres Partners. Dann kann sich das Bild wandeln, und das Problem wäre verschwunden.

»Die meisten und schlimmsten Übel,
die der Mensch dem Menschen zugefügt hat,
entsprangen dem felsenfesten Glauben
an die Richtigkeit falscher Überzeugungen.«
BERTRAND RUSSELL

Veränderung von Glaubenshaltungen

Die meisten Menschen sind erst nach schweren Schicksals-
schlägen bereit, ihre Glaubenshaltungen zu überdenken und
zu verändern. Solange jemand nicht gänzlich im Elend ist,
hält er an seinen Glaubenshaltungen fest wie ein Schiffbrü-
chiger an einer Planke.

Man kann ihm nicht helfen und er lässt sich nicht helfen,
da er mit seinen falschen Glaubenshaltungen die anderen
missionieren will. Doch würden die anderen seine Glaubenshaltungen annehmen, hätten sie dieselben Krankheiten und
Schicksalsschläge wie der »Missionar« zu erwarten. Außerdem sind seine Glaubenshaltungen Ausgleichsbilder zu seinen Defiziten. Er kann sie daher nicht loslassen, weil er
sonst unausgeglichen wäre oder gar vor dem Nichts stehen
würde bzw. das Schlimmste passieren würde, was es für ihn
(unbewusst) gibt: Er müsste seine Anlagen und Fähigkeiten
ausbilden und auf diese Weise seine Defizite auffüllen.

Denn es gehört großer Mut dazu, seine eigenen Mängel
vor sich selbst zuzugeben.

Glaubenshaltungen können auf vielerlei Weise entstehen.
Meistens sind sie zurückzuführen auf Eltern und Großeltern,
individuelle Prägungen, skriptspezifische Erfahrungen (= Ver-

stärkung der Glaubenshaltungen), Defizite, Überlieferungen, Konventionen, Moral, Sitte, Brauchtum, Tradition, Milieu, Autoritätspersonen, Zeitepoche, Freundeskreis, Schule und Universität. Bereits ein einziger falscher Glaubenssatz kann genügen, um das eigene Leben ungünstig zu gestalten. Beispiele für solche falschen Glaubenssätze sind etwa: »Ich warte auf den Märchenprinzen.« Oder: »Ich mache mir nichts aus dem schnöden Mammon.« Oder: »Ich will immer asketisch leben.«

Meist ist ein solcher Glaubenssatz die Mutter von vielen Kindern, also von weiteren Folgeglaubenssätzen, die dann wieder zusätzlich ungünstiges Schicksal bewirken. Neben der dadurch bedingten »falschen« Anziehung von Personen und Ereignissen werden durch solche Glaubenssätze ständig andere Menschen versteckt oder offen entwertet, sodass zwangsläufig die zwischenmenschlichen Beziehungen darunter leiden.

Weit verbreitet sind auch z. B. Maßstäbe und Glaubenshaltungen, was als gut und was als böse gilt. Es werden dann Menschen angegriffen oder abgelehnt, die sich – vom eigenen Blickwinkel aus betrachtet – böse verhalten. Es handelt sich oft um folgende Maßstäbe wie:

- Rivalität ist böse.
- Reichtum ist böse.
- Besitz ist böse.
- Status und Prestige sind böse.
- Abgrenzung ist böse.
- Genuss ist böse.
- Das »Ich« ist böse.
- Der Intellekt ist böse
- Sex ist böse.
- Anpassung ist böse.
- Kritik ist böse.

- Machtstreben ist böse.
- Ehrgeiz ist böse.
- Hierarchie ist böse.
- Entlarvung und Aufdeckung des Maßstabs von Gut und Böse ist böse.

Man kann sich vorstellen, wie sehr eine Beziehung darunter leidet wenn einer der beiden Partner »böse« ist, selbst wenn er nur auf zwei oder drei Feldern ein »Fehlverhalten« zeigt. In einem solchen Fall, gibt es fast jeden Tag nur Ärger und Streit! Weil so wie er ist, so ist er nicht richtig!

Wir sehen also ein negativer Glaubenssatz greift an, unterdrückt, beschränkt, blockiert, irritiert, schwächt, verunsichert, löst auf, schafft Widersprüche.

Hier nun einige Beispiele dafür, was die Glaubenssätze z. B. eines Sektenmitgliedes bewirken können:

- Sie engen den Betreffenden ein.
- Sie tabuisieren ganze Lebensgebiete (wie Genuss, Sexualität, Freiheit).
- Sie beschränken die Informationen.
- Sie haben Auswirkungen auf die Begegnungen (die anderen Menschen ziehen sich zurück, geben keine Tipps etc.).
- Beschränkung in der Partnerwahl.
- Ungünstige Auswirkungen auf die berufliche Laufbahn.
- Körperliche Erkrankungen, weil wichtige Lebensenergien nicht gelebt werden dürfen.

Bei näherer Überprüfung von Glaubenssätzen und Glaubenshaltungen merkt man, dass sie bei dem Einzelnen Gesetz sind. Oder anders ausgedrückt: Unbewusste Glaubenshaltungen bekommen einen Gesetzescharakter. Sie wirken dann im Leben als Schicksalsgesetz und erscheinen so als übergeordnete Macht des Geistes, die über die Materie herrscht. Leider handelt es sich dabei nicht um eine Manifestation des bewussten, sondern des unbewussten Geistes: Man spult die Programme überkommener Glaubenshaltungen und die damit verbundenen Rollenzuweisungen marionettengleich ab und erwirkt automatisch das damit verbundene Schicksal.

Es herrscht auch oft eine Diskrepanz zwischen den bewussten und den unbewussten Glaubenshaltungen. Eine solche Diskrepanz liegt vor, wenn jemand bewusst die Glaubenshaltung hat: »Ich möchte reich werden und in materiellem Wohlstand leben«, aber in seinem Unbewussten die Glaubenshaltung wohnt: »Ich will lieber arm bleiben, denn arm zu sein ist edel und gut.«

Insofern wird klar, dass das, was jemand von seinem Bewusstsein aus sagt, nicht mit dem übereinstimmt, was sein Unbewusstes fühlt und denkt. Auch hier wird deutlich, dass man nicht alles so ernst nehmen muss, was jemand sagt.

Wenn der Einzelne seine Glaubenshaltungen vom Unbewussten ins Bewusstsein bringt, hat er die Möglichkeit, zu korrigieren und neue Schritte einzuleiten. Hier einige Glaubenshaltungen, die es zu überdenken gilt: Glaubenshaltungen über ...

... das eigene Ich

... Geld

... Familie

... Kindererziehung

... Arbeit

... Medizin (Schulmedizin, Naturmedizin etc.)

... eigene Attraktivität

... eigenes Männerbild

... eigenes Frauenbild

... Partnerbeziehung

... Weltanschauung
... Lebensphilosophie
... eigener Weg
... Gott
... Sexualität
... eigene Berufung

Glaubenshaltungen eines Mädchens, das ein Junge werden sollte

Anja wurde als Junge erwartet. Daraus entwickelte sich schon früh bei ihr die reaktive Überzeugung: »Ich will besser sein als alle Männer.« Später als erwachsene Frau lernte sie ihrer Meinung nach nur schwache Männer kennen, was sie sehr frustrierte. Außerdem wollte es sexuell nie so richtig klappen.

Im Coaching erzählte Anja: »Ich wünsche mir so sehr einen Mann, der mir überlegen ist und auf den ich stolz sein kann. Ich möchte einen Mann mit Stil und Niveau haben und mich nicht ständig mit schwachen Männern abgeben müssen, die zu nichts zu gebrauchen sind. Ferner wünsche ich mir mit diesem Mann von Format leidenschaftliche Nächte. Da ich selbst beruflich erfolgreich bin, möchte ich einen Mann, der ein Level höher ist als ich. Auch bin ich es satt, dass ich immer nur selbst »meinen Mann stehen« muss. Ich fühle mich dabei oft überfordert.

Im Coaching erhielt sie die Aufgabe, einmal all ihre Glaubenshaltungen über Männer und über Sexualität aufzuschreiben. Für Anja sind Männer:

- Papiertiger
- Waschlappen
- langweilig
- wortkarg

- unromantisch
- uninteressant
- gierig
- Gefühlskrüppel
- nicht einfühlsam
- unkontrolliert
- verletzend
- unfähig zur Diskussion
- unfähig, Emotionen zu zeigen
- nur an Sex interessiert
- humorlos
- unfähig zu differenzieren
- nicht unternehmungslustig
- unbelehrbar
- Fleischfresser
- verbohrt
- nicht vertrauenswürdig
- nicht zuverlässig
- Einfaltspinsel
- fantasielos
- alle gleich

Anjas Glaubenshaltungen über Sexualität lauten: Sex ...

... ist kompliziert
... ist langweilig
... ist verletzend
... ist unbequem
... ist nicht schön
... tut weh
... ist unästhetisch
... ist umständlich
... ist obligatorisch
... ist verpflichtend

... ist ein Muss
... ist unmoralisch
... ist erniedrigend
... ist unwürdig
... ist unhygienisch
... bedeutet Ausgeliefertsein
... wozu?
... ist ekelig
... ist lästig
... bedeutet Anpassung
... bedeutet Augen zu und durch

Ihre Glaubenshaltungen über Männer machten klar, dass sie aufgrund ihrer Prägung die schwachen Männer braucht. Sie braucht sie, um mit ihnen in Rivalität treten und sie besiegen zu können.

Sie wählt unbewusst schwache Männer oder sucht mit der Brille ihrer Prägung nach den Schwächen der Männer und blendet deren Stärken aus, um sich überlegen fühlen zu können. Außerdem sind für die Beurteilung, ob ein Mann stark oder schwach ist, nur ihre eigenen Bewertungskriterien maßgebend. Im Grunde genommen ist eigentlich nur sie selbst ihr Idealmann.

Hinzu kommt noch ein weiterer Punkt, den es zu beachten gilt: Es besteht immer ein Zusammenhang zwischen dem, wie man seine eigene Männlichkeit bzw. Weiblichkeit beurteilt und lebt und dem Bild vom anderen Geschlecht. So wie ein Mann, der mit dem Ausdruck seiner Männlichkeit Probleme hat, ein falsches Frauenbild entwickelt, so entsteht in Anjas Psyche – solange sie ihre Weiblichkeit nicht voll bejaht, ein falsches Männerbild, das immer danach strebt über äußere Erfahrungen bestätigt und verstärkt zu werden (Gesetz der Bestätigung).

Wir können Anjas Problematik schematisch darstellen:

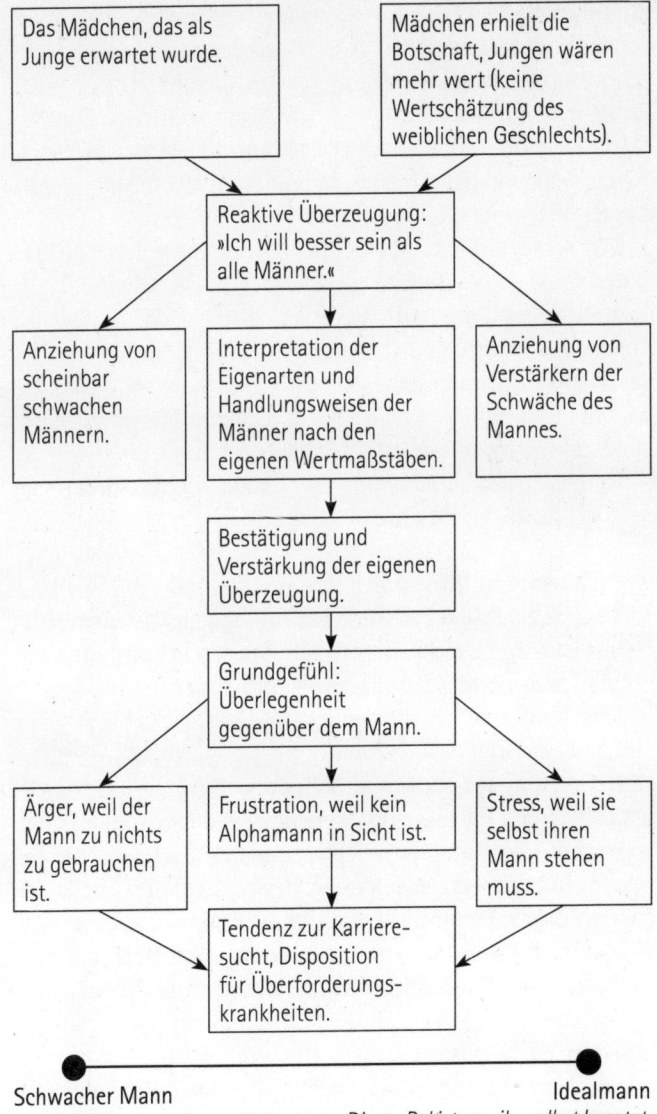

Das Mädchen, das als Junge erwartet wurde.

Mädchen erhielt die Botschaft, Jungen wären mehr wert (keine Wertschätzung des weiblichen Geschlechts).

Reaktive Überzeugung: »Ich will besser sein als alle Männer.«

Anziehung von scheinbar schwachen Männern.

Interpretation der Eigenarten und Handlungsweisen der Männer nach den eigenen Wertmaßstäben.

Anziehung von Verstärkern der Schwäche des Mannes.

Bestätigung und Verstärkung der eigenen Überzeugung.

Grundgefühl: Überlegenheit gegenüber dem Mann.

Ärger, weil der Mann zu nichts zu gebrauchen ist.

Frustration, weil kein Alphamann in Sicht ist.

Stress, weil sie selbst ihren Mann stehen muss.

Tendenz zur Karrieresucht, Disposition für Überforderungskrankheiten.

Schwacher Mann

Idealmann
Dieser Pol ist von ihr selbst besetzt.

An dieser Stelle gilt es für Anja die Frage aufzuwerfen: Will ich mein bisheriges Schicksal, nämlich Enttäuschung, weil ich nur an schwache Männer gerate, obwohl ich mir einen Mann von Format wünsche, sowie Ärger, Verdruss, Frustration und Stress mit schwachen Männern, immer wieder erleben, oder will ich mit einer veränderten Überzeugung eine bessere Partnerschaft erwirken?

Wir sehen auch hier bei Anja die weit verbreitete Diskrepanz zwischen bewusster und unbewusster Glaubenshaltung. Im Bewussten will sie einen starken Mann, aber ihr Unbewusstes ist da ganz anderer Meinung: Ihr Unbewusstes zieht aufgrund seiner Prägung nur schwache Männer an oder Männer, die sie durch ihre eigenen Interpretationsmaßstäbe schwach reden und machen kann.

In diesem Zusammenhang ist es auch wichtig, drei Arten von Erfahrungen zu unterscheiden.

1. Erfahrung aufgrund der Prägung

Dies ist eine subjektive Erfahrung, die objektiv nicht haltbar ist. Anja kann z. B. ihre subjektiven Erfahrungen mit Männern nicht pauschalieren und sagen: »Die Männer sind heutzutage alle schwach!«

2. Erfahrung aufgrund von Wiederholung

Auch wenn sich Schicksalsereignisse immer wiederholen, ist dies noch lange kein Hinweis, dass hier eine echte Erfahrung vorliegt. Man kann z. B. sich 30 Jahre lang falsch verhalten oder eine Tätigkeit falsch machen. Anja könnte also über die Erfahrungen, die sie mit ihren jahrelangen fiktiven Rivalitätskämpfen gemacht hat, berichten.

3. Echte Erfahrung

Solch eine Erfahrung ist objektiv vertretbar und entspricht der Realität. Hier würde Anja erkennen, dass es schwache

und starke Männer gibt, einfühlsame **und** weniger einfühlsame, gute Liebhaber **und** weniger gute ...

In diesem Fall hätte sie ihr Skript bzw. ihren Film verlassen und wäre in der Wirklichkeit erwacht.

»Es gibt nur zwei Dinge,
die für den Erfolg entscheidend sind:
Dummheit und Selbstvertrauen.«

MARK TWAIN

Irreales und reales positives Selbstbild

Viele Menschen sehen sich stark auf Gebieten, in denen sie in Wirklichkeit unfähig und schwach sind. Nadja zum Beispiel glaubt, eine gute Autofahrerin zu sein. In Wirklichkeit ist sie dabei unkonzentriert, begeht viele Fahrfehler, fährt wenig vorausschauend und verursacht fast jedes Jahr zwei bis drei Unfälle.

Hubert dagegen glaubt, dass er gut informiert sei. In Wirklichkeit bezieht er seine Informationen ausschließlich aus der Boulevardpresse.

Hier bewirkt die positive Glaubenshaltung, man wäre auf einem Gebiet eine Koryphäe, nicht automatisch, dass man es auch wirklich wird. Im Gegenteil, die positive Glaubenshaltung hält den Betreffenden sogar davon ab, Fehler zu vermeiden, sich weiterzuentwickeln und sich auf dem betreffenden Gebiet zu verbessern. Noch ungünstiger gestaltet sich die Situation bei Menschen, die von sich behaupten, angstfrei zu sein. Denn diesen Menschen ist es gelungen, ihre subjektive Meinung in eine scheinbar objektive Gesetzmäßigkeit zu verwandeln, indem sie behaupten: »Wenn du vor etwas Angst hast, ziehst du gerade das an!« Das plappern dann Millionen nach, und ein ängstlicher Mensch lässt sich dadurch womöglich pathologisieren und beginnt eine Therapie.

Die Wirklichkeit sieht jedoch ganz anders aus: Ängstliche Menschen (mit Ausnahme von Angstneurotikern) können aufgrund ihrer Informationen, oder ihrer geistigen Komplexität Gefahren erkennen, die andere nicht sehen, und können sich dagegen wappnen: Die Angst fungiert als Lebensschutz. Die Angstlosen hingegen haben ihre Ängste lediglich verdrängt – und nur die verdrängten Ängste ziehen nach dem Gesetz der Wiederkehr des Verdrängten Unheil an.

Ein Beispiel für ein irreales positives Selbstbild ist Fabian (36). Er hat den Wunsch, beruflich aufzusteigen und eine Partnerin zu finden, mit der eine schöne Beziehung möglich ist. Für seine Karriere wäre es erforderlich, dass er sich intensiv mit Fachliteratur auseinandersetzt, Management- und Führungskräfte-Seminare besucht. Um in einer Partnerschaft glücklich zu werden, müsste er sich im Gegensatz zu seinem früheren ruppigen und egoistischen Verhalten körperlich, seelisch und geistig mehr auf seine Partnerin einstellen, und lernen, aufmerksamer zu sein und ein guter Liebhaber zu werden.

Als Fabian dies hörte, ruft er: »Ich will aber ich bleiben! Ich will mich nicht verbiegen müssen!«

Eine solche Einstellung und Konsequenz ist jedoch nur gut und richtig in den Fällen, in denen Gruppendruck und Gruppenzwang vorherrschen oder man sich dem Willen oder der Vorstellung eines anderen beugen soll, aber nicht, wenn eine eigene Entwicklung gefragt ist, wenn die Möglichkeit besteht, echte Fähigkeiten auszubilden, zu wachsen und damit sich selbst und andere zu erfreuen.

Anders ausgedrückt: Wenn das Ich, dem man treu bleiben will, wenig Substanz oder gar destruktive Tendenzen aufweist, ist es im Sinne einer glücklichen Zukunft nicht so günstig, »ich« zu bleiben.

Sehr viele Menschen verbringen ihre Lebenszeit dennoch damit, gleichsam als Wachhund ihr irreales (rundum positives) Selbstbild zu schützen. Permanent sind sie damit beschäftigt, ihre Unfähigkeit vor sich selbst und anderen zu verbergen bzw. nicht offenbar werden zu lassen. Sie leiden an einem sogenannten Gotteskomplex und glauben, bereits perfekt und unfehlbar zu sein: Sie brauchen sich nicht mehr weiterzuentwickeln; nur die anderen müssen sich verändern.

Die Botschaft, die sie aussenden, lautet: »Zeige mir bloß nicht meine Unzulänglichkeiten, Schwächen und Defizite auf, sonst kannst du mich mal von einer anderen Seite kennenlernen!« Deshalb sind nicht diejenigen stark, die stets ihre Schwächen übertünchen, sondern jene, die den Mut haben, ihre Unfähigkeiten zu erkennen und sie in Fähigkeiten verwandeln. Unfähigkeiten und Schwächen zuzugeben und schließlich in Stärken umzuwandeln ist eine der größten Leistungen, die jemand vollbringen kann. Nur verleugnete Unfähigkeiten und Schwächen führen zu seelischen Schmerzen und bringen negatives Schicksal.

Wer z. B. viele Defizite und Schwächen in den Partner- und Beziehungsfähigkeiten aufweist, wird im Laufe seines Lebens erleben, dass alle seine Beziehungen scheitern, er infolgedessen seelische Schmerzen erleiden muss und sich womöglich dabei auch Krankheiten entwickeln. Man kann bei dem Betreffenden aufgrund seiner Unfähigkeiten die gescheiterten Beziehungen häufig sogar voraussagen, weil klar ist, dass er mit seinem individuellen »Angebot« seinen jeweiligen Partnern und schließlich auch sich selbst kein Glück bringen kann und wird. Denn jede Unfähigkeit ist ein unbewusster Angriff auf den Partner, ist eine Zumutung für ihn. Da dem Partner dadurch etwas fehlt, zeigt jener ungünstige Reaktionen, die dann wiederum bei einem der beiden Schmerzen bzw. Krankheiten hervorrufen.

Unterliegt man einem irrealen positiven Selbstbild kann man nur den Angriff des anderen wahrnehmen, der bereits vorher erfolgte eigene Angriff wird nicht gesehen.

Was ist nun der Unterschied zwischen einem irrealen und einem realen positiven Selbstbild? Bei einem irrealen positiven Selbstbild werden Defizite und Schwächen übertüncht, indem man so tut, als würde man über jegliches Wissen verfügen und hätte alle Anlagen und Fähigkeiten perfekt zur Verfügung. Das irreale positive Selbstbild entspricht einer Seifenblase, die jeden Moment platzen und sich in Luft auflösen kann.

Ein reales positives Selbstbild liegt vor, wenn ein Mensch weiß, dass alle Anlagen und Fähigkeiten der menschlichen Natur in ihm angelegt sind und er darauf vertraut, dass er alles lernen und erlernen kann, wenn und wann er es will. Er kennt sein Anlagenpotenzial, ist sich aber auch seiner Schwächen und Defizite bewusst und erkennt, auf welchen Gebieten er noch Fähigkeiten differenzieren, verbessern und ausbauen kann. Er blickt realistisch und optimistisch in die Zukunft, und sein Optimismus ist im Gegensatz zu demjenigen, der über ein irreales positives Selbstbild verfügt, berechtigt. Er hat sein Schicksal selbst in der Hand, kann Korrekturen vornehmen, etwas verändern, strategisch vorgehen.

Er betreibt keine Vogel-Strauß-Politik. Er braucht nicht zu hoffen um der Hoffnung willen, denn er weiß, dass er gewinnen wird, wenn er die entsprechenden Schritte unternimmt.

Besinnungsfragen zu Glaubenshaltungen

- Wo weiche ich immer wieder der Realität aus?
- Gibt es Situationen, in denen ich mich immer wieder selbst bestrafe?
- Wo mache ich mir selbst etwas vor?
- Gehöre ich zu den unbewussten oder zu den bewussten Beziehungsvermeidern?
- Bin ich wirklich zu einer Beziehung bereit?
- Welche Glaubenssätze in Bezug auf eine Partnerbeziehung habe ich?
- Wie lauten meine Glaubenssätze über das andere Geschlecht?
- Welche Glaubenshaltungen habe ich über das Thema Familie?
- Welche Auswirkungen haben meine Glaubenssätze auf mein Umfeld und mein Leben?
- Welche Glaubenshaltungen sind auf Defizite in meinem Persönlichkeitssystem zurückzuführen?
- Wie kann ich meine Schwächen in Stärken verwandeln?
- Wie kann ich mir meine unbewussten Glaubenshaltungen bewusst machen?
- Wie kann ich meine Glaubenshaltungen verändern, wenn sie nicht wirklichkeitsadäquat sind?

VIERTER TEIL

Das bewusste Paar

»Jeder Mensch hat grundsätzlich von der Natur die Anlage, einen hohen Grad an Weisheit zu erlangen. Die bisherigen Kulturen lassen jedoch eine solche Entwicklung nur in Ausnahmefällen zu. Die Menschheit insgesamt zeigt keine Weisheit, sie gleicht einem Bakterienstamm, der sich ungehemmt so lange vermehrt, bis seine Lebensgrundlagen verbraucht sind. Kultur braucht deshalb Erneuerung: eine humanistische Orientierung!«

MARIE VON EBNER-ESCHENBACH

Erste und zweite Natur

Jeder Mensch trägt zwei Naturen in sich. Seine erste Natur, die seine wahren Anlagen und seine wahren Bedürfnisse als Mensch beinhaltet, und seine zweite Natur, die durch Erziehung, Kultur und die Prägung der jeweiligen Zeitepoche entstanden ist. Diese zweite Natur ist eine Folge der von Sigmund Freud entdeckten Anpassungs- und Abwehrmechanismen wie Sublimierung, Imitation, Regression, symbolisches Ausagieren, Identifikation, Projektion, Rationalisierung, Verdrängung, Somatisierung und Reaktionsbildung.

Auch diese zweite Natur kann sehr viel Freude bereiten und das eigene Persönlichkeitssystem im Gleichgewicht halten – man denke nur an Kunst und Musik (Sublimierung), an ein schönes Motorboot oder Segelflugzeug (symbolisches Ausagieren), an interessante, spannende Sportveranstaltungen (Identifikation), an die Zugehörigkeit zu einer Institution oder Firma (Identifikation), an ein Haustier, das einem ans Herz gewachsen ist (Projektion), an die Welt der Reichen und Schönen, die das Leben des Durchschnittsbürgers interessanter macht (Projektion).

Schwierig wird die Situation für den Einzelnen erst, wenn er in dieser zweiten Natur sein Gleichgewicht nicht mehr aufrechterhalten kann und daher zu anderen Abwehr- und Anpassungsmechanismen wie Verdrängung und Somatisierung greifen muss.

Oder wenn er sich in dieser zweiten Natur so sehr verliert, dass seine wahren Fähigkeiten und Bedürfnisse durch Ersatzfähigkeiten und Ersatzbedürfnisse überlagert sind. Wie kann so etwas geschehen? Wenn kein Zugang zur eigenen menschlichen Natur und zu den eigenen Gefühlen gefunden wurde und die eigene Identitätssuche nicht erfolgt ist, bildet das Unbewusste in einem kreativen Akt z. B. eine Depression aus.

Die Depression ist insofern eine Ersatzfähigkeit mit der der Betreffende eine Ersatzidentität erhält. Andere wissen dann: »Das ist die Myriam, das ist die mit der Depression.« Außerdem kann sie mit der Depression die Stimmungslage im ganzen Umfeld bestimmen oder kann andere damit erpressen. Auch braucht sie dann nicht zur Arbeit zu gehen. In solchen Fällen spricht man von einem Krankheitsgewinn.

Ein anderes Beispiel: Ein Mann stellt immer etwas an, um auf diese Weise – so die Intention seines Unbewussten – Aufmerksamkeit zu erhalten. Er stiftet Unruhe, macht häufig das Gegenteil von dem, was in der jeweiligen Situation angezeigt wäre, oder fällt als Leichtsinnsdelinquent auf. Diese ungünstigen Verhaltensweisen sind ein Ersatz für die Fähigkeit, Originalität zu entwickeln, Abwechslung ins eigene Leben zu bringen, Veränderungen durchzuführen, neue Ideen umzusetzen, ja, unter Umständen sogar Erfindungen zu tätigen, die den bisherigen Rahmen sprengen.

Auch wenn jemand in bestimmten Intervallen Hysterieanfälle bekommt oder einen Hang zum Dramatisieren hat, ist dies eine Ersatzfähigkeit, die das Unbewusste schafft, um die vorhandene Energie kanalisieren zu können. Drama und Hysterie werden als Ersatz inszeniert, aufgrund eines Mangels an sexueller Erlebnisfähigkeit, an selbstständigem Handeln, an der Fähigkeit, sein eigenes Leben zu managen, sich selbst zu verwirklichen oder Projekte zu verwirklichen und sich damit hervorzutun. Über das hysterische Verhalten gelingt es den Betreffenden dann, auch ohne Anstrengung oder die Ausbildung von Anlagen, im Mittelpunkt zu stehen und »glänzen« zu können.

Diese drei Beispiele stehen für eine Fülle an Ersatzfähigkeiten, die sich herausbilden, wenn die entsprechenden Anlagen nicht real entwickelt werden können. Weil diese Ersatzfähigkeiten so häufig vorzufinden sind, haben sie schon fast den Status der »Normalität« erlangt. Den Einzelnen trifft daran keine Schuld, weil er ohne psychologisches Wissen gar nicht erkennen kann, was er anstelle der Ersatzfähigkeiten hätte ausbilden sollen. Auch hat ihn niemand je dazu angehalten. Außerdem werden viele Ersatzfähigkeiten schon ganz oder teilweise von den Vorfahren übernommen, sodass man kaum auf den Gedanken kommt, dass es noch etwas ganz anderes geben könnte.

Wenn wir uns all dies vor Augen führen, wird klar, warum eine wirklich funktionierende Partnerbeziehung so selten anzutreffen ist: Erst wenn man mit dem Partner all diese Zusammenhänge besprechen könnte und jeder der beiden versuchen würde, solche Ersatzfähigkeiten in reale wertvolle Fähigkeiten zu verwandeln, würden sich Beziehungen erfüllender und glücklicher gestalten. Ist diese Bereitschaft nicht gegeben, zeigt sich folgendes Bild: Die Betreffenden haben das Gefühl, im Recht und ein guter Mensch zu sein und glauben nicht an die eigene Ursachensetzung durch solche Ersatzfähigkeiten.

Wenn Bedürfnisse oder Gefühle mit dem eigenen Über-Ich, alten Glaubenshaltungen oder gesellschaftlichen Trends nicht vereinbar sind, werden sie a priori ins Unbewusste verdrängt und können daher nicht mehr wahrgenommen und beobachtet, geschweige denn gezeigt werden.

Aufgrund dessen kennen viele Menschen ihre wirklichen Bedürfnisse nicht und leiden unbewusst unter einer chronischen Blockierung im Stillen von Bedürfnissen.

Sie wissen nicht oder nur vage um ihr Bedürfnis, Sport zu treiben, zu gewinnen, zu genießen, nach einem eigenen Revier, nach Sicherheit, nach Kommunikation, sich darzustellen, einen freien Aktionsradius zu haben, um ihr Bedürfnis nach Hautkontakt, nach Zärtlichkeit und seelischer Wärme, um ihr Bedürfnis, ihr Licht leuchten zu lassen, etwas zu kreieren, ihre Gefühle zu zeigen, ihrem eigenen Geschmack Ausdruck zu verleihen, nach Begegnung und Partnerschaft, nach Selbstbestimmung und nach einem eigenen Weg, nach Sexualität und Leidenschaft, den eigenen Sinn zu finden, Anerkennung zu bekommen, nach Freiheit und Unabhängigkeit, um ihr Bedürfnis, anders zu leben und Alternativen zum Althergebrachten zu finden.

Oft sind einem die eigenen Bedürfnisse, Konflikte und Spannungen nicht bewusst. Doch selbst wenn man darum weiß, glaubt man häufig, es würde einem gar nicht so viel ausmachen, weil der seelische Schmerz aus dem Bewusstsein ins Unbewusste verbannt wird. Die Folge: Der Schmerz wird dann symbolisch am Leib ausgedrückt. Anders formuliert: Man räumt dem Konflikt, der da besteht, keinen so großen Stellenwert ein – man hat sich irgendwie mit der Situation abgefunden (= resignative Anpassung).

Was so viele Menschen nicht glauben können, wenn sie sich nicht mit dem Unbewussten auseinandergesetzt haben, ist:

> Alle Bedürfnisse sind bei jedem Menschen immer da, nur in unterschiedlicher Ausprägung.

Und diejenigen, die ein Bedürfnis besonders vehement negieren, sehnen sich unbewusst oft am meisten nach der Stillung dieses Bedürfnisses.

In der Coachingarbeit wird deutlich, wie ausgehungert und süchtig viele Menschen nach Kuscheln, Zärtlichkeit, seelischer Liebe und seelischer Wärme sind, das aber weder sich selbst noch anderen eingestehen. Sie können und wollen dies einfach nicht wahrhaben. Insofern erscheint diese Sucht nach Zärtlichkeit in anderen Formen wieder – etwa in einer Sucht nach Süßigkeiten oder in einer Sucht nach Anerkennung, Ruhm und Ehre. Der Betreffende glaubt in einem solchen Fall unbewusst, dass er erst wenn er Ruhm und Ehre erreicht hat, von anderen eine Fülle an Zuwendung und Zärtlichkeit erhalten würde. In seinem momentanen Zustand aber, in dem er ohne Ruhm und Ehre ist – so seine unbewusste Glaubenshaltung –, ist er nur wenig liebenswert, interessant und wichtig. Er meint daher, dass er jetzt noch nicht von anderen angenommen und geliebt werden kann.

Meistens haben die Betreffenden bei ihrer Mutter keine bedingungslose Liebe (Mutterliebe im wirklichen Sinne) erfahren, d. h., sie wurden nur geliebt, wenn sie die Vorstellungen und Rollenzuweisungen der Mutter erfüllt haben, aber nicht um ihrer selbst und ihrer seelischen Eigenart willen. Insofern glauben sie auch als Erwachsene, nur aufgrund von Leistung und Erfolg geliebt zu werden. Hinzu kommt, dass viele Männer wegen eines weitverbreiteten Ideals glauben, sich »cool« und unverwundbar geben zu müssen, um nicht als unmännlich zu gelten. Auf diese Weise wird deren inneres Kind oft gänzlich unterdrückt.

Zur Verdrängung von elementaren Bedürfnissen neigt besonders derjenige, der nicht um die Bipolarität aller Anlagen und Energien weiß und sich deshalb mit nur einem Pol identifiziert. Wer sich mit dem Pol Bescheidenheit identifiziert, kann nicht glauben, dass er auch den Gegenpol in sich trägt und deshalb auch gerne angeben möchte. Er ist sich seines Bedürfnisses nicht bewusst. Er weist es gewöhnlich weit von sich, ein solches Bedürfnis zu haben.

Noch schlimmer ist es, wenn Bedürfnisse nicht nur nicht wahrgenommen werden, sondern in Konflikt zueinander stehen. So kann sich das Bedürfnis nach Sicherheit im Widerstreit mit dem Bedürfnis nach Abwechslung und Veränderung befinden: Wählt der Betreffende die Sicherheit, muss er das Bedürfnis nach Veränderung unterdrücken und umgekehrt.

Es kann auch sein, dass das Bedürfnis nach Begegnung und Partnerschaft in einer Spannung zu dem Bedürfnis nach Rückzug, Ruhe und Alleinsein steht. Hier verhält es sich entsprechend: Stillt er das eine Bedürfnis, kommt das andere zu kurz und vice versa. Kann ein Bedürfnis chronisch nicht gestillt werden, wird es früher oder später über den Anpassungsmechanismus der Somatisierung über den Leib ausgedrückt. Das jeweilige Organ oder Organsystem steht dann symbolisch für das ungestillte Bedürfnis. Zum Beispiel können Schleimhautaffektionen oder Magenprobleme für einen Mangel an Geborgenheit stehen, Nieren- und Blasenprobleme für einen Mangel an Ausgewogenheit zwischen Geben und Nehmen in der Partnerschaft oder für ein Ungleichgewicht an Liebe und erotischer Anziehung in der Partnerbeziehung (was sich darin zeigen kann, dass die Liebe nur wenig erwidert wird).

Zusammenfassend lässt sich sagen, dass es Menschen gibt, die sich dessen bewusst sind, dass sie z. B. dringend Freiräume brauchen, andere wiederum wissen dies nicht, weil die Beschneidung des Freiraums in ihrer Herkunftsfamilie, in ihrem Milieu oder in ihrer Kultur als »normal« gilt. Manche haben bereits Schwierigkeiten, ihr Durstgefühl wahrzunehmen, und können deshalb oft ihr Bedürfnis nach Flüssigkeit nicht ausreichend stillen. Um wie viel schwieriger muss es im Vergleich dazu erst sein, Bedürfnisse nach Abgrenzung oder nach Freiheit und Unabhängigkeit wahrzunehmen und zuzulassen?

> Hier kann eine Umwandlung von alter Moral auf Lebensgesetze helfen, Bedürfnisse bewusst zu machen. Wer nach der Devise lebt: »Gut ist, was dem Leben dient und schlecht ist, was dem Leben zuwiderläuft«, tut sich dabei leichter.

Es geht darum, ein immer feineres Gespür dafür zu bekommen, welche Bedürfnisse im Persönlichkeitssystem vorhanden sind und wie sie gestillt werden können. Ein Gespür dafür, was man zur Aufrechterhaltung der Homöostase braucht, was notwendig ist, um wieder ins Gleichgewicht zu kommen und dort zu bleiben. Die englische Redewendung »Take care of yourself« ist eine Aufforderung, gerade das zu tun.

Die Bedeutung der Bedürfnisstillung für die gelingende Paarbeziehung

Im Anhang dieses Buches ist eine Liste mit 144 Bedürfnissen des Menschen angeführt.

Kopieren Sie diese Liste zweimal und füllen Sie sie zusammen mit Ihrem Partner aus. Danach haben Sie eine Grundlage für ein enorm wichtiges Gespräch über Ihre Partnerschaft. Dieses Gespräch ist notwendig, weil Sie sonst Jahre und Jahrzehnte in einer Partnerbeziehung zubringen können, ohne dass das, was Sie wirklich brauchen, erfüllt werden kann. Der Partner kann ja nicht ahnen, was Sie alles auf sämtlichen Lebensgebieten benötigen. Wenn Sie so vorgehen, müssen Sie nicht unbewusst ausgeklügelte Rollenzuweisungen entwickeln, um Ihre Ziele zu erreichen. Und: Sie haben auch nicht all die negativen Folgeerscheinungen, die gewöhnlich mit diesen Rollenzuweisungen einhergehen, zu ertragen. Kurzum, Sie haben mit weniger miesem Karma zu rechnen. Und noch etwas kommt hinzu: Sie brauchen dann im Vorfeld gar nicht Ihren Partner nach Ihrer unbewussten Rollenzuweisung zu wählen, was bedeutet, dass Sie in Ihrer Wahl nicht mehr so begrenzt sind. Sie sehen dabei, welche unterschiedlichen Prioritäten bestehen und wo Übereinstimmung herrscht. Wo müssen Sie selbst dafür Sorge tragen, dass ein Bedürfnis gestillt wird, und wo können Sie Ihren Partner oder andere Personen in Ihrem Umfeld bitten, es zu stillen?

Welche Strategien haben Sie bisher verfolgt, um ein bestimmtes Bedürfnis zu befriedigen?

Waren diese Strategien erfolgreich oder ist es an der Zeit, neue zu entwerfen?

Vielleicht können Sie auch von anderen Menschen lernen, die gewöhnlich mit ihren Strategien schnell zum Ziel kommen, und deren Vorgehensweise als Modell verwenden, das Sie entsprechend Ihrer eigenen Individualität abwandeln können.

Ferner gilt es zu bedenken, dass viele Menschen unbewusst selbst Rahmenbedingungen aufsuchen, in denen bestimmte Bedürfnisse nicht gestillt werden können, oder sie haben unbewusste Abwehrhaltungen und alte Glaubenssätze, die es verhindern, dass ein Bedürfnis erfüllt wird. Oft werden auch ständig Ausreden gebraucht, warum eine Erfüllung in dem speziellen eigenen Fall nicht möglich ist.

Dann taucht noch die Frage auf, ob der Partner die eigene Bedürfnisstillung zulässt.

Markus (34) hat ein stark ausgeprägtes Bedürfnis, nach Bewegung. Es ist ihm wichtig, sich dreimal in der Woche beim Squash auszutoben. Dies ist seiner Frau Manuela (32) gar nicht recht. Sie würde es viel lieber sehen, wenn er ihr stattdessen im Haushalt oder bei der Gartenarbeit helfen würde. Deshalb nörgelt sie andauernd an ihm herum, sodass Markus fast immer mit einem schlechten Gewissen zum Sport geht.

Wie könnte dieses Problem gelöst werden? Fast jedes Problem lässt sich lösen, sofern die Bereitschaft besteht, darüber zu reden und dabei gegenseitiges Wohlwollen und Verständnis besteht. Es ist sogar dann eine Lösung möglich, wenn das Bedürfnis des einen – wie bei Markus und Manuela – dem Bedürfnis des andern entgegensteht.

Markus könnte beispielsweise einen Ausgleich herstellen, indem er schaut, wie er andere wichtige Bedürfnisse von

Manuela stillen oder wie er sie dabei unterstützen könnte, in ihr Gleichgewicht zu kommen. Er kann aber auch – wenn sie auf die Hilfe bei der Haus- und Gartenarbeit fixiert ist – jemanden stundenweise engagieren, der ihr dabei hilft, wenn er selbst dafür keine Zeit hat.

Von großer Tragweite ist in diesem Zusammenhang, dass jeder der beiden Partner um die Relevanz der Bedürfnisstillung für das Gleichgewicht des Persönlichkeitssystems weiß und bereit ist, dabei als Unterstützer und Förderer zu fungieren. Und dies macht sich auf alle Fälle bezahlt, denn man hat dann einen zufriedeneren und ausgeglicheneren Partner zu Hause. Jeder, der sich ausgleichen darf, hat eine bessere Gefühlslage, er ist in guter Stimmung und außerdem seltener krank: Die Lebensqualität der beiden Partner sowie die Qualität der Partnerschaft insgesamt werden entscheidend gesteigert.

Die Lösung: Alles hat zwei Pole

Die Welt ist bipolar angelegt. Diese Tatsache ist für jede Partnerbeziehung von eminenter Bedeutung, da auch jeder Mensch
beide Pole in sich trägt. Diese bedingen sich zwar gegenseitig, aber diese wechselseitige »Ergänzung« löst oft keine Be-
geisterungsstürme aus. Man identifiziert sich mit einem Pol
und projiziert unbewusst den anderen auf seine Mitmenschen. So sorgt das Unbewusste dafür, dass jeder immer ausgeglichen ist – es fragt sich nur, auf welche Art und Weise.

Meist ist man im Bewussten mit dieser Art von Ausgleich
nicht einverstanden. Doch danach fragt das Unbewusste
nicht. Es verrichtet ähnlich, wie es auf der körperlichen
Ebene das autonome Nervensystem tut, stoisch seine Aufgabe, indem es den für die psychische Homöostase notwen-
digen Gegenpol anzieht (das Gesetz des Ausgleichs stimu-
liert das Gesetz der Anziehung).

Je weiter man sich von seiner physiologischen Mitte ent-
fernt, umso heftiger wird die Reaktion sein, vergleichbar
mit der Bewegung eines Pendels: gleichförmig stark ist sein
Ausschlag auch in die entgegengesetzte Richtung. Da jeder
Mensch immer beide Pole in sich beherbergt, wohnt z. B. im
Unterdrücker der Unterdrückte und im Unterdrückten auch
der Unterdrücker. Deshalb ist es oft gar nicht so günstig, wenn

der ehemals Unterdrückte in eine Machtposition gelangt, weil er sich dann oft als noch rigoroser und schlimmer erweist als sein Vorgänger.

Die Natur verfolgt im steten Wechselspiel zwischen Unterdrücker und Unterdrücktem bzw. zwischen Machthaber und Machtlosen ein Entwicklungsziel. Denn letztendlich wird man – nachdem man genug gelitten und sehr viel Lebenszeit mit Machtspielen vergeudet hat – zu eigenen Vorstellungen, zu einem eigenen Konzept, zu einem eigenen Lebensprogramm, zu eigenem geistigem Besitz, zu einem eigenen Lebensweg kommen und somit Macht über sich selbst erlangen.

Unter dem Gesichtspunkt der Bipolarität betrachtet, nützt es übrigens nichts, wenn der Dominante seinen Machtanspruch und sein obsessives Verhalten zurücknimmt. Aufgrund der komplementären Verflochtenheit zwischen Unterdrücker und Unterdrücktem im Unbewussten ist dadurch das Problem nicht gelöst. Denn wenn der Unterdrücker nicht mehr unterdrückt, sucht der Unterdrückte unbewusst nach einem anderen Unterdrücker.

Beispiele für die zwei Pole, die sich in jedem Menschen befinden

Egoismus	O———O	Altruismus
brav	O———O	frech
durchsetzungs-schwach	O———O	aggressiv
Armut	O———O	Reichtum
schwacher Eigenwert	O———O	überhöhter Eigenwert
unterschätzt	O———O	überschätzt
ausgestoßen	O———O	etabliert
redegehemmt	O———O	Totredner
ungeborgen	O———O	geborgen

Mangel an Kreativität O————O	Genie
Krankheit O————O	Gesundheit
unsauber O————O	sauber (perfekt)
faul O————O	fleißig
Mangel an Erotik O————O	erotische Fantasien
Disharmonie O————O	Harmonie
Friede O————O	Krieg
Ohnmacht O————O	Macht
innere Unterdrückung O————O	Fixierung, Leitbild, Guru
Mangel O————O	Fülle
ungebildet O————O	gebildet
unedel O————O	edel
negatives Denken O————O	positives Denken
unwichtig O————O	wichtig
Penner O————O	Karrierist
Hemmung O————O	Ideal (Perfektion)
untreu O————O	treu
unseriös O————O	seriös
schuldig O————O	unschuldig
langsam O————O	schnell
Freund O————O	Feind
angepasst O————O	rebellisch
Unterforderung O————O	Überforderung
Schwäche O————O	Stärke
Lügner O————O	Belogener
Hilfloser O————O	Helfer

Jeder Pol hat Vor- und Nachteile. Z. B. Nähe hat als Vorteile Sicherheit und Liebe. Distanz hat die Vorteile Freiheit und Abenteuer. Aus diesem Grunde ist die Identifikation mit einem

Pol auch eine Bedürfnisfrage. Welches Bedürfnis ist bei mir größer bzw. wo bin ich bedürftiger? Zu diesem Pol werde ich mich hingezogen fühlen, diesen Pol werde ich vertreten.

Jegliche Identifikation mit einem Pol ist jedoch sehr stark durch das grundsätzliche Bedürfnis nach Anerkennung bedingt. Viele Menschen identifizieren sich einfach mit dem Pol, mit dem sie am meisten Anerkennung in ihrem Umfeld ernten (z. B. Toleranz, Harmonie, Ordnung etc.)

Ferner ist zu beachten, dass bedingt durch die einseitige Sichtweise, die aus der Identifikation mit einem Pol resultiert, Wahrnehmungstrübungen und Wahrnehmungsverfälschungen entstehen. Der Arme nimmt den Reichen falsch wahr, der Seriöse den Unseriösen, der Angestellte den Selbstständigen etc. Dadurch werden jede Begegnung mit einem Menschen des anderen Pols und jedes damit verbundene Ereignis falsch interpretiert. Derjenige, der sich gänzlich mit einem Pol identifiziert, betrachtet alles durch eine polgefärbte Brille und kann auf diese Weise die Wirklichkeit nicht mehr objektiv erkennen.

Erschwerend kommt hinzu, dass der Betreffende sich zusätzlich, um seinen Pol zu verstärken, nur mit Menschen umgibt, die ihn in seinem Sosein bestätigen und verstärken (siehe im Anhang: Gesetz der Bestätigung). Menschen, die einen anderen Pol oder gar die goldene Mitte verkörpern, werden entweder gemieden oder sogar angefeindet. Auch sind alle Glaubenshaltungen und Gefühle eines (isolierten) Pols falsch (i. a. von nicht wirklichkeitsadäquat). Sie sind stark eingefärbt aufgrund der polspezifischen Brille.

Die Sichtweise von nur einem Pol aus hat also zur Folge:

1. eine Wahrnehmungstrübung (aufgrund der polspezifischen Brille)
2. falsche Glaubenshaltungen
3. negative Bewertungen des anderen Pols

4. laufende Interpretationsfehler der Lebenssituation und -ereignisse
5. falsche (reaktive, irreale) Gefühle
6. Ungleichgewichtsmanifestationen (Krankheit, negatives Schicksal)

Aufgrund der Dogmatisierung des einen Pols werden die Ganzheit und die Realität (die bipolar ist) nicht gesehen. Hierzu ein Spruch von Albert Einstein, der dies treffend zum Ausdruck bringt: »Probleme kann man niemals mit derselben Denkweise lösen, mit der sie entstanden sind.«

Greifen wir zum besseren Verständnis den dritten Punkt der obenstehenden sechs Folgeerscheinungen heraus: In einer bipolaren Welt kommt es zu Bewertungen, die häufig mit starken Emotionen verbunden sind. Meist wird ein Pol als gut angesehen und der andere Pol als schlecht bzw. böse. Manchmal wird der andere Pol sogar als pathologisch angesehen. Bei folgenden Polaritäten wird dies besonders deutlich:

Materialist	O————O	Esoteriker
fasten	O————O	schlemmen
Nähe	O————O	Distanz
Tolerante(r)	O————O	Intolerante(r)
Moralist	O————O	Amoralischer
Niveauvolle(r)	O————O	Niveaulose(r)
Ordentliche(r)	O————O	Schlampe(r)
vornehm	O————O	ordinär

Manchmal ist der andere Pol gar nicht in der Realität existent, wird aber aufgrund der eigenen polspezifischen Sichtweise so gesehen oder einfach auf den anderen projiziert – z. B. um ein Feindbild zu haben. Es erscheint demjenigen dann nur so, als ob der andere so wäre.

Nehmen wir z. B. die Gegensatzpaarung Toleranter – Intoleranter. Der Tolerante stabilisiert sich an dem Intoleranten. Würde es nicht so viele Intolerante geben, stünde er mit seinem Pol Toleranz alleine da und hätte keine Gelegenheit, sich als besserer Mensch zu fühlen. Außerdem hat die Toleranz natürliche Grenzen. Soll man alles tolerieren, selbst wenn es mit einer Beeinträchtigung der eigenen Lebensrechte verbunden ist? Soll man die laute Musik des Nachbarn, den Revierverletzer, den Dieb, den Angestellten, der aufgrund seiner mangelnden Verantwortung für sein Sachgebiet den Fortbestand der eigenen Firma gefährdet, tolerieren? Ist man intolerant, weil man im Falle der Lärmbelästigung durch den Nachbarn die Polizei ruft, den Revierverletzer in seine Schranken weist, den Dieb anzeigt und dem Angestellten kündigt?

Außerdem kann man leicht tolerant sein, wenn es einem selbst nichts bedeutet, wenn es nicht den eigenen Geldbeutel betrifft, oder – was sehr häufig vorkommt – wenn man auf einem Gebiet noch keine schlechten Erfahrungen gemacht hat. Toleranz kann also auch mit seelischem Masochismus oder mit Naivität einhergehen.

Selbstverständlich ist auch die reine Form des Intoleranten infrage zu stellen – vor allen Dingen, wenn der Betreffende nur aufgrund von Vorurteilen oder getrieben von falschen Glaubenshaltungen intolerant ist. Oder auch, wenn er nur intolerant ist, um ein Feindbild zu haben, gegen das er angehen kann, um seine verdrängten Aggressionen ausagieren zu können. Aber – das gilt es zu bedenken – kein Mensch ist als Intoleranter geboren! Und wenn man dann noch etwas später in seinen Kinderwagen schaut, lacht da nicht schon von vornherein ein Intoleranter heraus! Intolerant wird jemand nur aufgrund von schlechten Erfahrungen, aber vor allem aufgrund von Ängsten, z. B. der Angst, dass die anderen ihn beeinträchtigen oder dass er durch andere weniger Chancen auf dem Partnermarkt haben könnte (gleichgeschlechtliche Konkurrenzangst).

Echt tolerant ist also nur derjenige, der auch gegenüber Intoleranten tolerant ist, wenn er Verständnis für deren Gewordensein zeigt, wenn er Verständnis hat für deren Prägung, für deren unbewusste und bewusste Ängste. Intoleranz kann man nicht dadurch heilen, dass man den Intoleranten ob seiner Eigenschaft beschuldigt und ihn als schlechten Menschen denunziert, sondern indem man sich dessen Argumente anhört und die dahinter liegenden unbewussten Motive zutage fördert.

Es wird für den Intoleranten leichter, wenn er merkt, da fühlt sich jemand in mich ein, da hat jemand Verständnis für mich, da werde ich nicht verurteilt, da wird nicht gleich mein Charakter infrage gestellt. Ich darf Mensch sein. Kurzum: Manchmal ist es angebracht, tolerant zu sein, insbesondere dann, wenn es darum geht, ein anderes Fühlen, Denken und Verhalten zu tolerieren.

Toleranz ist in diesem Sinne auch die Grundvoraussetzung, den eigenen Horizont zu erweitern, um Neues in Erfahrung zu bringen, um geistig wachsen zu können. Eine solche Toleranz ist dann mit Inhalt gefüllt, und nicht nur eine bloße Ideologie, mittels derer man sich ins Lager der edlen und guten Menschen schlägt.

Manchmal ist es aber auch – wenn die Situation es erfordert – wichtig, intolerant zu sein. Man muss nicht alles gutheißen und sich nicht alles gefallen lassen! In solchen Fällen ist es angebracht, seine »Intoleranz« zum Ausdruck zu bringen.

Besonders wichtig ist das Thema Toleranz bei den Eigenarten und Verhaltensweisen des anderen Geschlechts. Mit der Verschiedenheit der Geschlechter sind auch unterschiedliche Interessen verbunden. Dies wird leider oft viel zu wenig bedacht. So ist es für manchen Mann unverständlich, wenn seine Partnerin im Begriff ist, sich schon wieder neue Schuhe zu kaufen, wenn sie doch schon über 30 Paare besitzt oder wenn sie stundenlang am Telefon mit ihrer Freundin quatscht.

Genauso wie einer Frau meist fremd ist, wenn ihr Partner auf die Sportschau im Fernsehen am Samstagabend nicht verzichten kann, weil er sonst Angst hat, etwas Entscheidendes zu versäumen. Oder wenn er sich stundenlang in einem Autosalon aufhält.

Bei geschlechtsspezifischen Eigenarten und Verhaltensweisen wäre es völlig fehl am Platze, intolerant zu sein, denn gerade auch das Andersartige macht den Partner liebenswert. Wer hier nur von sich ausgeht und nur von der Warte seines Geschlechts aus den anderen betrachtet und beurteilt, ist realitätsfern und läuft Gefahr zu vereinsamen.

Doch nach diesem Ausflug in die Welt der Toleranz und der Intoleranz wieder zurück zur Bipolarität als solche. Bipolarität bedeutet nicht, dass es sich bei den zwei Enden einer Skala um unvereinbare Gegensätze handelt, sondern dass die beiden Pole in einem komplementären Verhältnis zueinander stehen. Das bedeutet, sie ergänzen sich gegenseitig. Zentral für das Verständnis der Bipolarität ist es u. a., dass derjenige, der sich mit einem Pol identifiziert, den anderen Pol genauso in sich trägt – nur eben unbewusst. Jeder kann sich also fragen: »Welchen Pol habe ich bewusst zur Verfügung und welcher ist bei mir nur unbewusst vorhanden?« Der Belogene ist zugleich auch der Lügner, er belügt sich selbst, in dem er z. B. aufgrund von Normen und Idealen seine Individualität verleugnet. Häufig gilt eine bewusste Lüge als schlecht und eine unbewusste Lüge als gut.

Auch eine bewusste Manipulation wird als fies angesehen, eine unbewusste Manipulation (z. B. durch emotionale Erpressung) wird klaglos hingenommen und der »Täter« wird dabei sogar noch in Schutz genommen, indem gesagt wird: »Er kann ja nicht anders!«

Eine bewusste Distanz gegenüber dem Partner zu schaffen gilt als gemein, eine unbewusste wird akzeptiert (z. B. weil der Partner aus beruflichen Gründen nicht öfter zu Hause sein kann).

Die Identifikation mit nur einem Pol bewirkt auch den sogenannten Wiederholungszwang: Solange der andere Pol nicht integriert ist, wird er immer als sich wiederholendes Schicksal erlebt. Die Konfrontation mit dem nicht integrierten Pol, der – wie erwähnt meist als schlecht oder böse angesehen wird –, erzeugt negative Gefühle, die zu Krankheit disponieren, besonders dann, wenn diese negativen Gefühle von dem betreffenden Menschen unterdrückt werden, weil aufgrund seiner Glaubenshaltung auch diese nicht sein dürfen.

Oft ist es aber auch so, dass der andere Pol bei der betreffenden Person selbst durch die Hintertüre hereinkommt – z. B. wenn ein politisch links gerichteter Mensch sich in einem Hotel hofieren lässt und den »Krösus« oder die »Grande Dame« spielt. Oder z. B. ein vornehmer Mensch, der in bestimmten Schlüsselsituationen die Contenance verliert und sich dabei zu ordinären, unflätigen Ausdrücken hinreißen lässt.

*»Es gibt drei Grundhaltungen: zwei fehlerhafte,
durch Übermaß und Unzulänglichkeit gekennzeichnet,
und eine richtige, die Mitte.«*

ARISTOTELES

Die Summe der beiden Pole

Die Summe der beiden Pole ist mehr als die Addition der
beiden isolierten Pole. Die Verschmelzung der beiden Pole
ist nicht gleichbedeutend mit einem Kompromiss, sondern
es entsteht eine Synthese auf einer höheren Ebene. Z. B.
wohnen in der Psyche eines jeden Mannes und einer jeden
Frau in unserer abendländischen Kultur die beiden Pole
»Madonna« und »Hure«. Der Pol Madonna gilt als anständig
und gut, der Pol Hure als unanständig und schlecht. Wenn
aber eine Frau ihr Frausein voll verwirklichen kann, ist sie
weder »Madonna« noch »Hure«, sondern stellt auf einer neuen
Ebene eine völlig andere Ausdrucksform des Weiblichen dar.
Um an diese goldene Mitte zu kommen, muss sie jedoch all
ihre weiblichen Fähigkeiten (Mütterlichkeit, Zärtlichkeit, Geborgenheit, seelische Wärme und Liebe, Verführungskunst,
sexuelle Fähigkeiten, Leidenschaft etc.) ausbilden und alle
polspezifischen Glaubenshaltungen ablegen. Man könnte
solch eine Verschmelzung der beiden Pole auch als eine Rück-
führung der jeweiligen Gegensätzlichkeit zur Einheit bzw.
Ganzheit bezeichnen.

Oder aber es kommt zu einer Synthese:

Die Synthese ist die Verschmelzung der beiden Pole auf
einer höheren Ebene. Es ist jedoch auch möglich, dass die

Synthese zu einer neuen These wird, die eine neue Antithese zur Folge hat. Jeweils die goldene Mitte (die nicht statisch, sondern dynamisch ist) von zwei Polen kann – ähnlich wie bereits bei den Polen Madonna und Hure dargestellt – genau beschrieben werden.

Dabei wird deutlich, dass bei der goldenen Mitte die beiden Pole nicht mehr echt existent sind. Es ist nicht mehr der eine und auch nicht mehr der andere Pol in seiner jeweiligen typischen Ausformung da. Sie sind zu einer Synthese, zu einer neuen Ganzheit verschmolzen:

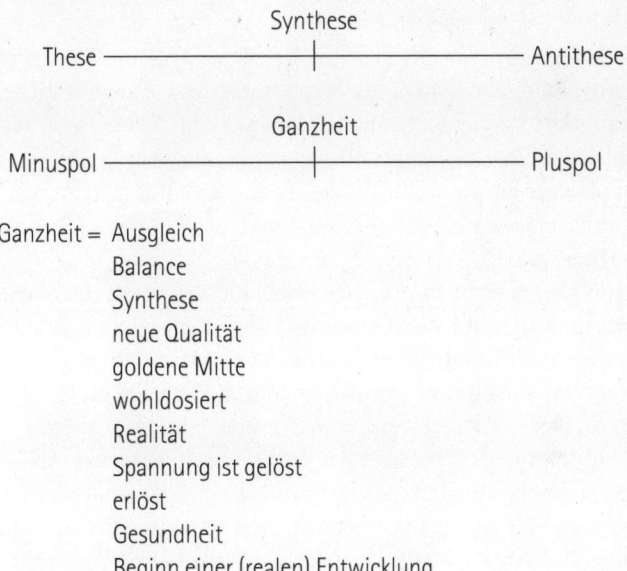

Ganzheit = Ausgleich
          Balance
          Synthese
          neue Qualität
          goldene Mitte
          wohldosiert
          Realität
          Spannung ist gelöst
          erlöst
          Gesundheit
          Beginn einer (realen) Entwicklung

Die Voraussetzung für die Ganzheit und die Folge der Ganzheit ist die Veränderung von Glaubenssätzen und Glaubenshaltungen. In den jeweiligen extremen Polen ist man getrennt von der Ganzheit des Lebens, in der goldenen Mitte verschmilzt man:

mit der Realität,
mit der Wahrheit,
mit der Natürlichkeit,
mit dem Logos.

Die goldene Mitte ist nicht etwas Statisches oder etwas, das man nur visualisiert, sondern sie ist eine komplexe neue Lebensform, die sich aufgrund der Wechselwirkung der beiden Pole herauskristallisiert hat und die sich dynamisch immer weiter differenziert und vervollkommnet. Man könnte sagen: Die Verschmelzung ist eine Folge eines Integrationsprozesses des anderen Pols.

Integration ist ein Prozess, bei dem schließlich alles in eine neu entstehende Identität mündet. D. h . es geht nichts verloren, sondern es entsteht etwas ganz Neues, was mit ungeahnten Möglichkeiten verbunden ist. Am Ende dieses Prozesses gibt es nicht länger zwei getrennte gegeneinander kämpfende Identitäten, sondern eine erweiterte, einheitliche Identität.

Warum aber bleiben dann so viele Menschen mit nur einem Pol identifiziert? Weil Angst und Abwehr bestehen gegenüber Entwicklung und Veränderung sowie vor allem gegenüber der Ausbildung von Anlagen und Fähigkeiten. Ein Pol kann nur verlassen werden, wenn man sich informiert und sich Wissen aneignet über den Gegenpol. Und wenn man die Botschaft des Gegenpols versteht bzw. den Gegenpol als Hinweis sieht. Konkret bedeutet das, dass eine Frau, die sich mit dem Pol Nähe identifiziert, für die Integration des Gegenpols Distanz folgende Fähigkeiten ausbilden müsste:

- Ausbildung zur Selbstständigkeit
- Ausbildung der Fähigkeit, eigene Unternehmungen zu tätigen
- Ausbildung der Fähigkeit zu Spiel und Spaß

- Ausbildung der Fähigkeit zur Selbstverwirklichung
- Ausbildung der Fähigkeit zu einer realen Emanzipation
- Ausbildung der Fähigkeit, die Freizeit sinnvoll zu gestalten
- Ausbildung der Fähigkeit zu Freiheit und Unabhängigkeit
- Ausbildung der Fähigkeit, Freundschaften zu schließen und zu pflegen
- Ausbildung der Fähigkeit, Abwechslung ins eigene Leben zu bringen
- Ausbildung der Fähigkeit, neue Ideen zu entwickeln und zu verwirklichen

Die Ausbildung dieser Fähigkeiten hätte dann zur Folge, dass ihr Leben so abwechslungsreich und interessant werden würde, dass ihr Nähebedürfnis auf ein gesundes Maß reduziert werden würde. Aufgrund dessen würde sie in ihren Partnerbeziehungen nicht mehr unter mangelnder Nähe leiden. Wenn sie allerdings den Pol Distanz übertreibt – und das ist bei neu gewonnenen Fähigkeiten häufig der Fall –, würde sie Partner anziehen, die klammern, die sich also so verhalten, wie sie es selbst früher getan hat.

Die Skala der Bipolarität

Um den eigenen Standort zu bestimmen, ist es wichtig herauszufinden bzw. zu erkennen, wo man sich wirklich (die subjektive Sicht ist hier oft falsch) auf der Skala zwischen beiden Polen befindet.

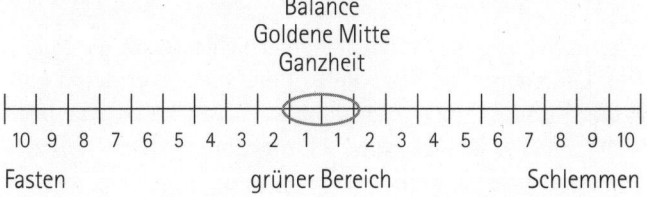

Außerhalb des grünen Bereiches besteht mehr oder weniger eine Dysbalance, die zu Ungleichgewichtsmanifestationen (wie etwa Schicksalsschläge oder Krankheiten) führt. Die Skala macht auch die Relativität des eigenen Standpunkts und der dazugehörenden Glaubenshaltungen sowie die Relativität der durch diesen Standpunkt erwirkten Anziehung von Partnern und Mitmenschen deutlich. Und auch die Relativität der Einschätzungen und Bewertungen dieser Partner und Mitmenschen wird sichtbar: Je nachdem, wo jemand steht, wird er unterschiedliche Bewertungsmaßstäbe ansetzen.

Insofern darf sich der Mitmensch »den Schuh nicht anziehen« und an diese Einschätzung oder Bewertung glauben oder sie gar ernst nehmen. Tut er dies, so hat er seelische Schmerzen, die nicht sein müssen, wenn er sieht, dass die Bewertung nur vom Standpunkt des anderen erfolgt und daher nicht objektiv wahr sein oder generelle Gültigkeit besitzen kann.

> Das Wissen um die Bipolarität schenkt dem, der sie verinnerlicht, eine schier unglaubliche Entspannung. Denn es ist dann nicht mehr möglich, den Partner als schlecht, gemein oder böse zu bezeichnen und ihm zu sagen: Du passt nicht (mehr) zu mir. Da deutlich wird, dass wir beide nur jeweils die Kehrseite einer Medaille sind, wird evident, dass wir doch zusammenpassen, wenn auch nicht so wie es den gängigen Vorstellungen entspricht.

Warum sollte man sich noch über die Schlamperei, die Lügen, den Egoismus, den Geiz, die Faulheit etc. des anderen aufregen, wenn all dies auch in einem selbst wohnt, wenn es sich dabei nur um unbewusste Projektionen des eigenen verdrängten Pols handelt?

Wer diese Bipolarität erkannt hat, fragt sich gewöhnlich: Wie konnte ich mich nur solange in all diesen Kämpfen gegen den anderen Pol aufreiben? Wie konnte ich nur glauben, den anderen dadurch verändern zu können? Natürlich hätte man seine Zeit vielleicht konstruktiver nutzen können, aber es gilt darüber nicht mehr zu lamentieren und auf diese Weise wieder erneut Zeit zu verlieren, sondern hier und heute seinen Blickwinkel zu verändern. Es lässt sich leichter in einer Beziehung leben, wenn sich die Situation auf diese Weise entkrampft und nicht nur das: Durch die Möglichkeit der Synthese, die mit viel Freude verbunden ist, erhöht sich die Lebensqualität um ein Vielfaches. Man hat dadurch mehr Zeit für die wesentlichen Dinge in der Partnerschaft, für Erotik, Sex, Zärtlichkeit, Umsorgen und gute Gespräche.

»Viele Frauen sind nur auf ihren guten Ruf bedacht,
aber die anderen werden glücklich.«

JOSEPHINE BAKER

Nie mehr entgangene Freuden und entgangene Gewinne

Wir haben festgestellt, wie geheimnisvoll und unerkannt das ungelebte Leben der ersten Natur mit ihren Anlagen, Fähigkeiten und Bedürfnissen uns beeinflusst. Wer denkt denn schon daran, dass etwas **nicht** zu haben, etwas **nicht** leben zu können, so weit reichende Folgen haben kann? Soll denn wirklich gleich die Homöostase des eigenen Persönlichkeitssystems und die eigene Partnerbeziehung gefährdet sein, wenn man kein eigenes Revier (keinen eigenen Raum, kein eigenes Zimmer) hat, wenn kein Hautkontakt möglich ist, wenn keine körperlichen Genüsse erfahren werden, wenn keine Schönheit und Ästhetik im Umfeld vorhanden sind, wenn keine erotischen Freuden bestehen, wenn keine Leidenschaft gelebt wird, wenn einem keine Freiheiten zustehen, wenn kein Sinn im eigenen Leben gefunden wird ...?

Manchen Menschen gelingt es zwar, drei oder vier dieser Bedürfnisse der ersten Natur zu stillen, glauben aber, all die anderen Bedürfnisse nicht zu haben oder sind der Meinung, dass sie ihnen nicht so wichtig wären. Doch für uns alle gilt, dass es gerade die vernachlässigten Bereiche des Lebens sind, die einem besonders zu schaffen machen. Für gewöhnlich aber ignoriert man lange die negativen Rückmeldungen des Schicksals und schiebt die Schuld auf andere oder auf das Schicksal selbst, anstatt sich den eigenen, ungelebten Bedürfnissen zuzuwenden.

Gehen wir noch einen Schritt weiter:

> Wenn das nicht gelebte Leben, um das man nicht weiß, krank macht und ungünstige Schicksalsereignisse wie Trennungen und Scheidungen bringt, muss man auch von entgangenen Freuden und entgangenen Gewinnen sprechen.

So viele Menschen wissen nicht um ihre unzähligen entgangenen Freuden – körperlich, materiell, seelisch und geistig –, und weil sie darum nicht wissen, ja nicht einmal erahnen, was ihnen alles entgeht, **fehlen** sie ihnen auch nicht. Quasi als Ersatz fragt dann der Arzt stellvertretend: »Was fehlt Ihnen denn?«

Die Freuden, Gewinne und Genüsse, die man mit den Anlagen und Fähigkeiten der ersten Natur gehabt hätte, hätten Kraft für das Leben gegeben, hätten die Widerstandskraft gegenüber Krankheiten erhöht, hätten das eigene Persönlichkeitssystem und darüber hinaus auch die Partnerbeziehung stabilisiert.

Wie es sich auswirkt, wenn man den Mut aufbringt, sich dem ungelebten Leben zu stellen, soll der Fall von Sandra (39) illustrieren.

Sandra kam zum Coaching, weil sie in ihrem Leben unzufrieden war. Sie hatte das Gefühl, ein Stiefkind des Glücks zu sein, denn bisher konnte sie nie eine erfüllende Partnerschaft leben. Endlich wollte sie auch einmal vom großen Kuchen des Lebens etwas abbekommen.

Das Erste, was bei Sandra auffiel, war, dass sie sich nicht ihrem Typ gerecht kleidete. Sie bevorzugte dunkle, meist schwarze Kleidung. Sie glaubte als Frau nicht attraktiv zu sein, und diese negative Selbstwahrnehmung drückte sich in ihrer möglichst unauffälligen und wenig figurbetonten Kleidung aus. Auch wegen ihrer problematischen Beziehung zum eigenen Äußeren, war Sandra im Umgang mit Sexualität verkrampft und unaufgeschlossen.

Nach einigen Coaching-Stunden, in denen sie sich zunächst sehr dagegen wehrte, ihre Einstellung zu ihrem Körper, zu ihrer Weiblichkeit, und zu ihrer Sexualität zu reflektieren, begann sie schließlich, ihre innere Haltung zu verändern, was sich sichtbar zunächst in ihrem Kleidungsstil manifestierte.

Ausschlaggebendes Moment hierzu war, dass ihr aufgezeigt wurde, was sie aufgrund ihres jahrelangen Festhaltens an dem alten Gedankengebäude erwirkt hatte, und schließlich auch, was ihr alles entgangen war. Weil sie sich als Frau nicht wohlgefühlt hatte und dies in ihrem ganzen Wesen zum Ausdruck gebracht hatte,

- drückte sie die Stimmung in jedem Raum, wo auch immer sie sich aufhielt,
- strahlte sie keine Lebensfreude aus,
- verursachte sie durch ihre Entscheidung, sich nur nach ihrem subjektiven, durch negative Gefühle verfälschten Geschmack zu kleiden, negative Reaktionen bei den Männern. Männer waren so gut wie nie bereit, auf ihre Vorschläge einzugehen oder ihr in bestimmten Situationen einen Gefallen zu erweisen,
- zog sie nur Freundinnen an, die in einer ähnlich tristen Stimmungslage waren, oder Freundinnen, die froh waren, dass sie nicht das Beste aus ihrem Typ machen wollte, weil sie dadurch in ihr keine Konkurrenz empfinden mussten.

Welche Freuden, Gewinne und Genüsse waren Sandra durch ihr Verhalten entgangen?

- Tausendfache bewundernde Blicke und Komplimente der Männer (was ihr Selbstbewusstsein und ihre Lebensfreude gestärkt hätte).
- All die Männer, die sie kennenlernen hätte können.
- All die Zärtlichkeiten, die sie hätte empfangen können.
- All die erotischen Freuden, die sie hätte schenken können und die sie hätte empfangen können.
- All das Wohlleben, das sie mit den Männern hätte führen können.
- All die anderen Freundinnen, die sie auf einer anderen Frequenz kennengelernt hätte.
- All die positiven Stimmungslagen, die sie mit ihrer anderen Art des Denkens gehabt hätte.
- All die vielen positiven Wechselwirkungen zu ihren anderen Anlagen und Fähigkeiten, die sie nie erfahren durfte.

Und wer weiß? Vielleicht wären auch die in ihrem Leben in bestimmten Intervallen auftretenden Krankheiten gar nicht erst entstanden? Es ist natürlich immer sehr schwierig, verhinderte Krankheiten oder verhindertes Unglück und Pech nachzuweisen. Aber es geht ja darum zu erkennen, dass das eigene Leben durch das Zulassen oder Ausbilden einer Anlage einen ganz anderen Verlauf nimmt, als wenn diese Anlage nicht eingebunden wird bzw. nicht positiv eingesetzt werden kann.

»Viele glauben, sie hätten für etwas Talent,
haben es aber in Wirklichkeit nicht.
Viele glauben, kein besonderes Talent zu haben,
haben es aber.
Viele haben ein großes Talent, sind aber zu bequem,
es zu entfalten, zu hegen und zu pflegen.
Sie lassen es brachliegen.«

Gemeinsam stark werden

Manche Menschen stabilisieren ihr Persönlichkeitssystem dadurch, dass sie den Fokus auf die Schwächen des Partners legen. Sie halten sich dann für besser und klüger als ihr Partner und können aufgrund seiner Schwächen ihren Eigenwert stärken. Den Betreffenden bleibt dabei verborgen, dass sie selbst auch Schwächen und Defizite haben und deshalb unbewusst die Schwächen ihres Partners dringend brauchen, um besser dazustehen und von den eigenen Schwächen abzulenken.

Es gibt noch ein weiteres Phänomen: Man hält die Stärken des Partners nicht aus, man ignoriert sie, weil man mit dem Partner unbewusst in Rivalität tritt oder glaubt, an Macht zu verlieren, wenn man seine Stärke anerkennen würde. Oft ist sogar zu beobachten, dass einer der Partner selbst dann, wenn er auf einem Gebiet hoffnungslos unterlegen ist, nicht nur glaubt, dort gleich gut zu sein, sondern sich dem anderen gegenüber sogar überlegen fühlt.

Besonders schwierig gestaltet sich das Bild, wenn ein Partner auf einem Lebensgebiet extrem stark ist, also dort ein Ausnahmetalent darstellt, und dafür – was oft die logische

Konsequenz ist – auf anderen Feldern große Schwächen aufweist. Diese Wahrheit verdeutlicht auch ein Zitat von Goethe: »Wo viel Licht ist, ist starker Schatten.«

In solchen Fällen wäre es besonders wichtig, dieses außergewöhnliche Talent zu erkennen und zu würdigen und nicht den Anspruch zu erheben, dass dieser Mensch z. B. auch für die Organisation und Bewältigung des Alltags zuständig ist. Meist ergeben sich aufgrund dieses großen Talents auch die Mittel, damit ein anderer (z. B. eine Hausangestellte oder ein Gärtner) diesen Part gegen entsprechendes Honorar übernimmt. Falls dies nicht der Fall ist, können andere kreative Lösungen gefunden werden. Besonders fatal ist es, wenn man sich, wie es häufig vorkommt, aufgrund der großen Schwächen des Partners überlegen fühlt und dessen »göttliches« Talent ignoriert.

Wir können also konstatieren: Wenn die Schwächen des Partners dazu verwendet werden, um eigene Unzulänglichkeiten zu kompensieren, hat dies eine ungute Grundstimmung in der Partnerschaft zur Folge. Der Partner fühlt sich nicht wohl, weil er sich entwertet fühlt und in seinem Sosein nicht angenommen wird. Und selbst das gute Gefühl des Kompensators ist nur illusorisch, weil es auf den Defiziten des anderen aufbaut und nicht auf der eigenen Stärke oder Leistung beruht.

Sehr viel günstiger sieht die Situation aus, wenn der Einzelne die Stärken seines Partners erkennt und ihm dafür Lob zollt. Hier ist es wichtig, dass man nicht lobt um des Lobes willen oder um dem Partner zu schmeicheln, sondern nur für tatsächliche Fähigkeiten, Erfolge oder Stärken.

Ferner hebt es die Stimmung, wenn man die Talente, Qualitäten und Stärken des Partners auch vor anderen Menschen benennt und hervorhebt. Dies dürfte einem leichtfallen, wenn man sich vor Augen führt, auf welche Weise man selbst davon profitiert: Eine Stärke kann Türen zu Menschen öffnen, die man sonst nie kennengelernt hätte, kann einem hohe Handwerkerrechnungen ersparen, kann Sicherheit schenken, neue Welten erschließen, finanzielle Vorteile bringen etc. Man kann stolz auf seinen Partner sein, dessen Stärke bringt einem neue Kraft und eine bessere Lebensqualität.

Durch die gegenseitige Bestätigung und Verstärkung der Qualitäten werden beide Partner motiviert und immer wieder aufs Neue aufgebaut. So nimmt die Freude in der Beziehung kontinuierlich zu. Zudem entkrampft sich die Beziehung, der unbewusste oder bewusste Machtkampf wird beendet – es kristallisiert sich eine wirklich gleichberechtigte Partnerschaft heraus.

Besinnungsfragen zum Thema
Bipolarität und Bedürfnisse

- Welche Feindbilder habe ich?
- Mit welchen Eigenschaften und Rollen (Polen) identifiziere ich mich?
- Welche Glaubenshaltungen habe ich zu den jeweiligen Polen, mit denen ich mich identifiziere, entwickelt?
- Welches Schicksal ziehe ich aufgrund dieser Identifikationen an?
- Interpretiere ich all meine Schicksalsereignisse durch meine polspezifische Brille?
- Welche Freundschaften sind durch meine Pol-Identifikationen entstanden?
- Auf welchem Lebensgebiet verkörpert mein Partner den Gegenpol?
- Welcher Lernprozess soll bei mir durch den anderen Pol initiiert werden?
- Auf welchem Lebensfeld ist es mir bereits gelungen, die goldene Mitte zu finden?
- Welche drei Bedürfnisse aus der Tabelle mit den 144 Bedürfnissen (siehe Anhang) haben bei mir oberste Priorität?
- Welche Strategien kann ich verfolgen, damit meine Bedürfnisse gestillt werden?
- Ist es mir möglich, einige Bedürfnisse meines Partners zu stillen, ohne mich dabei verleugnen zu müssen? Welche sind das?

FÜNFTER TEIL

Quellen des Glücks

»Gemeinsamkeiten machen eine Beziehung angenehm, interessant wird sie jedoch erst durch die kleinen Verschiedenheiten.«

KONFUZIUS

Die vier Partnertypen

Im Folgenden sollen vier verschiedene Partnertypen vorgestellt werden: Der Ähnlichkeitspartner, der Ausgleichspartner, der Ergänzungspartner und der Austauschpartner. Diese Typisierung ist hilfreich, um herauszufinden, welchen Typus der derzeitige Partner primär darstellt und welchen Typus frühere Partner verkörperten.

Schön wäre, wenn der Partner einem ähnlich ist, einen dort ausgleicht und ergänzt, wo man es braucht, und mit dem man sich auf den Lebensgebieten austauschen kann, in denen man über besondere Stärken verfügt.

Dass der Partner einem in wesentlichen Punkten ähnlich ist, kann man nicht beeinflussen, das ist ein Geschenk. Dafür, dass er einen ausgleicht und ergänzt, können beide Partner etwas tun, dass man sich mit ihm austauschen kann, liegt ebenso in der eigenen Macht – beide Partner können ihre jeweiligen Stärken trainieren und ausbauen.

Am besten ist es, wenn man mit seinem Partner das alles offen bespricht:

Wie und wo können wir uns gegenseitig ausgleichen und ergänzen, wie und wo können wir uns austauschen? Das widerspricht zwar dem Ideal der Romantik, bei der sich das Glück unbewusst und wie von selbst einstellen soll, aber dafür ist eine Beziehung, in der man bewusst und strategisch vorgeht, um ausgeglichen und befriedigt zu sein, auf lange Sicht tragfähiger und erfüllender.

Der Ähnlichkeitspartner
»Ich liebe den, der so ist wie ich,
und liebe mich in meinem Partner.«

Der Ähnlichkeitspartner ist ein Partner, der auf zwei oder mehreren wesentlichen Lebensgebieten ähnlich fühlt, denkt und sich verhält wie man selbst. Deshalb wird er als sehr sympathisch empfunden. Man spricht in diesem Fall von einer »homöopathischen Partnerschaft«: Ähnliches wird mit Ähnlichem geheilt. Wenn beide schlampig sind, beginnt man darunter zu leiden und einer versucht dann eines Tages doch, das Chaos zu ordnen.

Beziehungen, in denen sich die beiden Partner ähnlich sind, halten meist länger als Beziehungen, in denen der eine das krasse Gegenteil vom anderen darstellt. Denn Gegensätze ziehen sich zwar an, stoßen sich aber häufig zu einem späteren Zeitpunkt wieder ab.

Beim Ähnlichkeitspartner gibt es scheinbar keine negative Auslebensform, wobei auch hier die eigene Relativität, welche Pole oder Eigenschaften als positiv oder negativ angesehen werden, immer mit in den Blick genommen werden muss. Häufig kann eine solche Übereinstimmung nur erreicht werden, wenn beide Partner aus demselben Milieu stammen. Auch ist es, um einen Ähnlichkeitspartner zu finden, am besten, wenn man bestimmte Interessensgruppen oder Seminare aufsucht. Dort kann man dann unter Gleichgesinnten wählen.

Der Ausgleichspartner
»Ich liebe den, der mich ausgleicht.«

Der Ausgleichspartner ist ein Partner, der einen im eigenen Persönlichkeitssystem positiv oder negativ ausgleicht. Von einem negativen Ausgleich spricht man, wenn der Partner meinen Mangel durch eine Überkompensation ausgleicht, etwa, wenn ein Totredner einen Redegehemmten, ein Aggressor einen Durchsetzungsschwachen, ein Revierverletzer einen Abgrenzungsschwachen »ausgleicht«.

Ein positiver Ausgleich liegt vor, wenn ein Armer von einem Reichen, ein Günstling von einem Mäzen, ein Hilfloser von einem Helfer ausgeglichen wird.

Wenn der Partner einen positiven Ausgleich darstellt, ist er häufig auch zugleich der »Wunschpartner«. Aber: Ein Ausgleichspartner kann einen nicht ergänzen, man kann sich mit ihm nicht austauschen und er ist einem auch nicht ähnlich.

Schließlich kann in diesem Zusammenhang auch der Begriff des »Zufallspartners« erklärt werden: Wenn jemand einen Partner anzieht, kann dieser sich zufällig als Ergänzung, zufällig als Ausgleich, zufällig als ähnlich oder zufällig als Austauschpartner entpuppen. Es fällt einem der Partner zu, der für die eigene Weiterentwicklung wichtig ist. Oft verkörpert ein Partner nicht nur einen Typ, sondern gleich zwei, drei oder gar alle vier Typen gleichzeitig.

Der Ergänzungspartner
»Ich liebe den, der mich ergänzt.«

Der Ergänzungspartner ist ein Mensch, der einen anderen auf einem oder mehreren Lebensgebieten im Sinne einer Fähigkeitenkomplettierung ergänzt. Um eine solche Ergänzung ging es früher bei der traditionellen Rollenteilung – der Mann verdiente das Geld, die Frau tätigte den Haushalt und die Kindererziehung und hielt ihm den Rücken frei. Hier war es so, dass sowohl die Fähigkeiten des Mannes als auch die Fähigkeiten der Frau alleine nicht ausreichten, um das Leben in seiner Ganzheit zu meistern.

Doch auch heute wird wohl kaum ein Mensch von sich behaupten können, dass er überall alles beherrscht bzw. dass er keiner Ergänzung bedarf. Jeder braucht nur auf einem jeweils anderen Lebensgebiet eine Ergänzung oder vielleicht eine andere Form der Ergänzung. So kann der eine Partner vielleicht besser verhandeln, der andere ist geschickter in der Buchführung. Der eine ist versiert im Umgang mit Behörden, der andere findet schnell Lösungen bei Konflikten. Wenn der Partner nicht die Ergänzung verkörpern kann, die man braucht, muss man sich eben professionelle Hilfe holen.

Es gilt also zu unterscheiden zwischen Fähigkeiten, die in der Partnerschaft zum Austausch angelegt sind und Fähigkeiten, die eine Ergänzung darstellen (z. B. gut kochen können, handwerklich begabt sein). Bei einer Ergänzung braucht der Partner nicht unbedingt auch die Anlage zu haben, aber für den gelingenden Austausch ist es erforderlich, dass der Partner über dieselbe Fähigkeit verfügt.

Der Austauschpartner

»Ich liebe den, mit dem ich mich austauschen kann.«

Ein Austauschpartner ist nicht ein Partner, den man austauschen kann, weil er den eigenen Ansprüchen nicht mehr genügt, sondern einer, mit dem es möglich ist, sich mit verschiedenen Anlagen und Fähigkeiten auszutauschen. Das bedeutet, dass man selbst und der Partner auf demselben Gebiet Anlagen und Fähigkeiten ausgebildet haben muss, denn sonst kann es zu keinem Austausch kommen.

Wenn beispielsweise beide Partner über eine blühende Fantasie verfügen, können sie sich darüber austauschen, damit ihre Anlage weiterentwickeln, verstärken, energetisieren und verfeinern sowie ein gemeinsames Produkt oder Ergebnis kreieren. Wenn jeder die Fantasie des anderen weiterspinnt, kann z. B. ein Fantasieprodukt entstehen, das die Grundlage eines Drehbuchs für ein Theaterstück oder einen Film darstellt.

Schwierig wird die partnerschaftliche Situation, wenn zwei Menschen zusammenkommen, von denen der eine auf einem Gebiet, das auf Austausch angelegt ist, wenig Substanz aufweist, der andere dort aber über sehr gute Fähigkeiten verfügt.

Lebensgebiete, die auf Austausch angelegt sind, sind Kommunikation, Zärtlichkeit, Kuscheln, Sexualität, Geist und Fantasie. Wenn der eine auf dem Gebiet der Sexualität – im übertragenen Sinne – in der Kreisliga spielt und der andere in der ersten Bundesliga, wird eine für beide Seiten erfüllende Sexualität nicht möglich sein. Meist ist es so, dass der Fähige dadurch auf das niedrigere Niveau des Unfähigen gezogen wird. Dies ist insbesondere dann der Fall, wenn der »Kreisligaspieler« seinen Level als höher einstuft und somit seine Defizite nicht auffüllen will. Ist er jedoch bereit zu lernen, kann er im Laufe der Zeit ohne Weiteres mithalten. Er hat erkannt, dass er auf dem jeweiligen Gebiet etwas dazulernen und die entsprechende Anlage ausbilden und einüben muss, wenn er mit diesem Menschen eine schöne Beziehung haben will.

Über Fähigkeiten und Defizite wird in Beziehungen meistens nicht offen gesprochen, weil man den Partner nicht seelisch verletzen will. Es ist auch nicht möglich, zu dem eigenen Partner zu sagen: »Du spielst auf dem Gebiet der Sexualität in der Kreisliga bzw. du verhältst dich dort sehr amateurhaft!« Und wie oben erwähnt stuft sich fast jeder aufgrund des ubiquitären positiven Selbstbildes ohnehin auf fast allen Lebensgebieten als sehr gut ein. In Sportarten wie z. B. Fußball, Tennis oder Laufen über verschiedene Distanzen kann man objektiv feststellen, ob man mit den anderen mithalten kann oder nicht. In der Kommunikation, im Bett, auf der Kuschelcouch oder im Geistigen ist dies nicht so ohne Weiteres möglich.

Man kann dem entgegenhalten, dass das alles auch nichts mit Sport zu tun hätte und der Vergleich hinken würde. Und doch möchte niemand mit einem Partner kommunizieren, der einem geistig weit unterlegen ist und mit dem man keine gemeinsamen Gesprächsinhalte hat. Diese Niveauunterschiede auf bestimmten Lebensfeldern sind – obwohl dies fast nie ausgesprochen wird – häufig die wahren Ursachen dafür, dass Beziehungen nicht zustande kommen oder man sich voneinander trennt.

Die verdrängte Realität lautet:

> Je weniger man fähig ist, sich mit seinem Partner auszutauschen, desto mehr läuft man Gefahr, von ihm ausgetauscht zu werden. Je höher der Level, auf dem der Austausch erfolgt, desto unwahrscheinlicher ist es, dass der Partner einen verlässt.

Aus demselben Grund erübrigt sich dann auch jede Anwandlung von Eifersucht. Denn bis der Partner einen Menschen findet, mit dem er wieder so gut harmoniert, können Jahrzehnte vergehen. Außerdem weiß er um den Wahrheitsgehalt des Spruchs: »Never change a winning team!«

Ein Partner kann seine volle Leistung also nur abrufen, wenn er mit einem adäquaten, d. h. ähnlich fähigen Partner und »Mitspieler« zusammen ist. Auch ein Orchester funktioniert nicht, wenn einer nicht spielen kann, falsch spielt oder eine andere Melodie anschlägt.

Die sieben Paarkonstellationen

Je nachdem, wie sich die vier verschiedenen Typen Ausgleichspartner, Ergänzungspartner, Ähnlichkeitspartner und Austauschpartner als Paar miteinander verbinden, ergeben sich verschiedene Paarkonstellationen, die jeweils zu einem anderen Lernprozess führen und mit einer anderen Art der Bewusstwerdung verbunden sind. Insgesamt ergeben sich sieben verschiedene Partnerkonstellationen:

1. *Partner mit ähnlicher Schwäche oder ähnlichem Mangel*
   Die Partner sind hier die Bewusstmacher der eigenen Problematik und fungieren als Spiegel. Über diese Spiegelfunktion soll klar werden, was im eigenen Persönlichkeitssystem noch ausgebildet werden muss, um eine Wiederholung des Problems in der Zukunft zu vermeiden.

2. *Partner mit gegenpoliger Problematik*
   Auch hier geht es um Bewusstwerdung der eigenen Problematik. In diesem Fall ist das Problem aber nicht wie bei einem Partner mit einer ähnlichen Schwäche oder einem ähnlichen Mangel im Gegenüber erkennbar, sondern wird

einem erst bewusst, wenn man um die Bipolarität allen Seins weiß. Es geht darum zu erkennen, dass der Partner, indem er den anderen Pol lebt, mich – so die eigene Sichtweise – pervertiert ausgleicht. Um einen solchen pervertierten Ausgleich handelt es sich z. B. wenn ein Bescheidener mit einem Angeber zusammenkommt. Lernaufgabe ist dabei nicht, dass der eine so werden soll wie der andere, sondern dass die beiden in einem gemeinsamen Prozess die gesunde Mitte zwischen den Polen finden.

3. *Der Partner ist dort schwach, wo ich unbewusst meine Stärke habe*
Nehmen wir einmal an, der Partner hat kein Verkaufstalent. Indem der Partner eine negative Ergänzung darstellt, fungiert er auf diesem Gebiet als Bewusstmacher der eigenen Stärke. Ohne ihn wäre man nicht darauf gekommen, dass man auf diesem Lebensgebiet besonders firm ist.

4. *Der Partner hat dort, wo ich schwach bin, seine Stärke*
Einer der Partner ist beispielsweise nicht fähig, mit den neuen Medien umzugehen, der Partner aber ist gerade auf diesem Sektor sehr versiert. Man kann hier von einem positiven Ausgleich sprechen. Aber für den technisch geschickten Partner kann diese Schwäche auch eine Belastung sein, wenn er ständig auf diesem Gebiet Hilfestellung leisten muss.

5. *Der Partner ist dort schwach, wo ich bewusst meine Stärke habe*
Im Unterschied zu der unter 3 genannten Partnerkonstellation ist einem die eigene Stärke bei dieser Partnerkonstellation a priori bewusst, man erkennt sie also nicht erst durch die Schwäche des Partners. In diesem Fall verhält

es sich daher anders: Man kann sich am Partner stabilisieren, weil er schwach ist. Wir haben jedoch an anderer Stelle zum Ausdruck gebracht, dass sich eine solche Stabilisierung über die Schwäche des Partners langfristig ungünstig auf die Beziehung auswirkt. Außerdem muss immer auch geklärt werden, ob es sich wirklich um eine Schwäche handelt und ob die eigene Stärke auch wirklich real vorhanden ist und nicht nur in der Einbildung bzw. Vorstellung existiert.

6. *Partner mit ähnlichen Stärken*
Wenn sie gut kochen kann und er auch, dann trifft sich das gut. Hier kommt das Gesetz der Affinität zum Tragen. Die beiden Partner können ihr Talent weiter ausbauen, differenzieren und verstärken. Und sie haben die Wahl: Kocht sie? Kocht er? Kochen wir gemeinsam?

7. *Partner mit anderen Stärken*
Dies ist dann der Fall, wenn jemand sich z. B. auf vier verschiedenen Lebensgebieten auszeichnet und sein Partner auf anderen vier Lebensfeldern besonders firm ist. Dies ist die klassische Form der Ergänzung. Zwei Menschen ergänzen sich so hervorragend, dass dadurch das Leben für beide leichter und lebenswerter wird.

Diese sieben Konstellationen machen deutlich, was das Unbewusste damit bezwecken will, wenn man einen spezifischen Partner anzieht und sich mit ihm auseinandersetzen muss. Auf diese Weise wird die Sinnhaftigkeit einer jeden Beziehung deutlich. Es wird offenbar, dass jeder Partner im Persönlichkeitssystem des anderen etwas bewirken soll. *Jeder* Partner eröffnet daher die Chance, sich weiterzuentwickeln, auch wenn es zunächst vielleicht ganz und gar nicht danach aussehen mag.

*»Die Arbeit des Individuums für seine Bedürfnisse
ist ebenso sehr eine Befriedigung
der Bedürfnisse der anderen als seiner eigenen,
und die Befriedigung der seinigen erreicht
es nur durch die Arbeit der anderen.«*

GEORG WILHELM FRIEDRICH HEGEL

Urbedürfnisse und subjektive Bedürfnisse

In einer Beziehung zählt für den Partner häufig nur, inwieweit man dessen Vorstellungsbild körperlich, materiell, seelisch und geistig entspricht und inwieweit es einem gelingt, dessen Bedürfnisse zu stillen.

Das Vorstellungsbild, das man sich von einem Partner macht, setzt sich zusammen aus dem Urbild des Männlichen bzw. Weiblichen und dem subjektiven Bild vom Mann bzw. von der Frau. Das ist dann die individuelle Abwandlung des Urbildes, das jeder in sich trägt.

Entsprechend dem Urbild des Männlichen und des Weiblichen gibt es Urbedürfnisse, deren Befriedigung jeweils vom Mann bzw. von der Frau erwartet wird, und es gibt Bedürfnisse, die subjektiv sind und aufgrund der eigenen Prägung, Lebensgeschichte und der eigenen Defizite entstanden sind. Sowohl Urbedürfnisse als auch subjektive Bedürfnisse sollen vom Partner gestillt werden. Kommt es zu keiner Bedürfnisbefriedigung, kommt entweder keine Beziehung zustande oder eine bestehende Beziehung ist zum Scheitern verurteilt.

Es wurde am Beispiel von Sandra bereits geschildert, warum es wichtig ist, dass eine Frau, die sich nach einer Beziehung sehnt, nicht das Urbild des Weiblichen und das subjektive Bild der Frau im Manne durch ihr Auftreten und ihr Verhalten irritiert, angreift, verletzt oder gar zerstört. Dasselbe gilt selbstverständlich auch für die Männer: Auch sie müssen dafür Sorge tragen, dass sie nicht das Urbild vom Mann und das subjektive Bild vom Mann in der Frau verletzen.

Da darüber nirgends offen gesprochen wird, wissen die wenigsten Frauen und Männer, dass eine solche Verletzung weitreichende Folgen haben kann. Sie können sich gar nicht vorstellen, was eine Frau einem Mann antut, wenn sie z. B. in weiten Pluderhosen und mit grünen Fingernägeln erscheint bzw. was ein Mann einer Frau antut, wenn er in weißen Socken und ausgebeulten Trainingshosen auftritt. Viele glauben auch fälschlicherweise, dass sie auf der sicheren Seite sind, wenn sie mit der Mode gehen und das machen, was gerade »in« ist.

Was für eine große Rolle das äußere Auftreten für eine Beziehung spielen kann, lässt sich auch am Beispiel von Sabrina (37) verdeutlichen. Ihr Bild von einem Mann wurde durch das Outfit ihres Partners verletzt. Sabrina berichtet: »Ich war von Sven anfangs so begeistert und ich sah mich mit ihm schon vor dem Traualtar, bis er eines Tages in ausgelatschten Sandalen, roter Latzhose und mit einem Rucksack, wie ihn alternative Männer so gerne tragen, bei mir aufkreuzte. Ich weiß, es geht um den Menschen und solche Äußerlichkeiten sollten doch keine so große Rolle spielen. Aber ich fragte mich: ›Was ist das für eine Seite an ihm, die ich bisher nicht wahrgenommen habe?‹ Ich empfand es so, dass er sich nun vor mir geoutet hatte. Es fiel mir wie Schuppen von den Augen: So ist er wirklich und nicht so, wie ich ihn gerne gesehen hätte. Das war nur meine Projektion gewesen. Mein Bild vom Mann ist anders als sein Erscheinungsbild. Ich habe mit ihm darüber gesprochen, aber er sagte, er könne sich nicht verbiegen und verleugnen, sein Outfit sei ein Ausdruck seiner politischen Einstellung und er wolle es auch beibehalten. – Und insofern musste ich die Beziehung beenden. Dann ist eben eine andere Frau zukünftig seine Partnerin – vielleicht eine aus seiner Szene!«

Wenn wir die Bedürfnisse, deren Befriedigung eine Frau von einem Mann erwartet, und die Bedürfnisse des Mannes betrachten, heißt es zu unterscheiden zwischen einigen wenigen Urbedürfnissen (z. B. dass der Mann seine Familie zu schützen vermag) und kulturspezifischen Bedürfnissen, die als Urbedürfnisse angesehen werden, weil sie z. B. in der westlichen Hemisphäre so weit verbreitet sind. In einem Seminar wurden folgende Bedürfnisse übereinstimmend genannt:

Die »Urbedürfnisse«, deren Befriedigung ein Mann von einer Frau erwartet ...

... dass sie Geborgenheit und seelische Wärme schenken kann,
... dass sie einfühlsam ist,
... dass sie zärtlich ist,
... dass sie attraktiv ist,
... dass sie die Verführungskunst beherrscht,
... dass sie ein gutes Benehmen und gute Umgangsformen hat,
... dass sie sexuell leidenschaftlich ist,
... dass sie für sein Wohl sorgt,
... dass sie eine gute Mutter ist,
... dass sie kommunikativ ist,
... dass sie Muse sein kann,
... dass sie zuverlässig ist.

Die »Urbedürfnisse«, deren Befriedigung
eine Frau von einem Mann erwartet ...

... dass er sich durchsetzen kann und Initiative an den Tag
legt,
... dass er Schutz und Sicherheit für Frau und Kinder gibt,
... dass er kommunikativ ist,
... dass er Geborgenheit (z. B. in Form von Wohnung oder
Haus) schenken kann und zärtlich ist,
... dass er schöpferisch ist,
... dass er ein guter Vater ist,
... dass er für ihr Wohl und für das Wohl der Kinder sorgt,
... dass er gutes Benehmen hat bzw. gute Umgangsformen
beherrscht,
... dass er sexuell leidenschaftlich ist,
... dass er geistvoll und gebildet ist,
... dass er in einer Führungsposition ist,
... dass er zuverlässig ist,
... dass er Abwechslung ins Leben bringt,
... dass er Hintergründe aufzudecken vermag.

Im selben Seminar befragten wir verschiedene Männer und
Frauen, welche **subjektiven** Bedürfnisse sie vom anderen Ge-
schlecht gestillt haben möchten.
Mark (33) schilderte sein subjektives Frauenbild so:

• Sie ist klein und zierlich.
• Sie hat lange Fingernägel.
• Sie trägt High Heels.
• Sie hat schöne Beine.
• Sie trägt Ohrringe.
• Sie geht auf der Straße Arm in Arm mit mir.
• Sie streichelt und liebkost mich stundenlang.
• Sie beherrscht die Kunst des Dirty Talk.

Paul (48) schildert sein subjektives Frauenbild wie folgt:

- Sie hat einen großen Busen.
- Sie trägt Dirndlkleider.
- Sie verbringt ihren Urlaub mit mir auf dem Oktoberfest in München.
- Sie kocht täglich Hausmannskost.
- Sie bewundert mich wegen meiner Qualitäten als Liebhaber.
- Sie verwendet außer Lippenstift keine Schminke und kein Parfüm.
- Sie toleriert, dass ich viel mit Freunden unterwegs bin.
- Sie ist häuslich und beherrscht den Haushalt tipptopp.

Lisas subjektives Bild von einem Mann beinhaltet ...

... dass er rhetorisch geschickt ist,
... dass er sportlich ist,
... dass er reiselustig ist,
... dass er über 1,80 m groß ist,
... dass er über 100 000 Euro im Jahr verdient,
... dass er Akademiker ist,
... dass er Skandinavien-Fan ist,
... dass er Tango- und Salsatänzer ist,
... dass er mit ihr Konzerte besucht.

In Melanie wiederum wohnt ein ganz anderes subjektives Bild vom Mann. Sie wünscht sich, dass er ...

... viele Freizeitaktivitäten mit ihr betreibt,
... selbstständig bzw. als Unternehmer tätig ist,
... gerne mit ihr ins Theater und in die Oper geht,
... tierlieb ist,
... ein Familienmensch ist,

... sich in ihre Herkunftsfamilie integriert und mit ihren Eltern und Geschwistern gut auskommt,

... dunkelhaarig ist,

... ein Faible für moderne Designermöbel hat,

... Vegetarier oder noch besser Veganer ist.

Hier wird deutlich, wie unterschiedlich Bedürfnisse sein und damit verbunden wie verschieden doch die Anforderungsprofile aussehen können. Dies mag einerseits ernüchternd sein, andererseits aber wird auch augenscheinlich, dass keine Ablehnung vonseiten des anderen Geschlechts generelle Gültigkeit besitzt, sondern dass sehr wohl bei bestimmten Personen und auch in einem bestimmten Umfeld großes Interesse bestehen kann, den betreffenden Menschen zu kontaktieren oder ggf. auch sich an ihn längerfristig zu binden.

»Wenn wir unser Licht leuchten lassen, geben wir anderen unbewusst das Signal, dasselbe zu tun.«

NELSON MANDELA

Frau und Mann als gegenseitige Glücksbringer

Wenn die wirklichen Bedürfnisse gestillt werden, die hinter all den Abwehr- und Anpassungsmechanismen, Rollenzuweisungen, Fixierungen, Idealbildern, Projektionen und Modeerscheinungen verborgen sind, ist ein paradiesisches Leben mit dem Partner möglich. Das Paar lebt dann das, um was es wirklich in einer Beziehung geht: Man erlebt gemeinsam die Freuden der Zärtlichkeit, der Erotik, der Sexualität, des Umsorgens, des geistigen Wachstums. Die beiden Partner können sich dabei gegenseitig so viel Kraft, so viel Energie und so viel Freude schenken, dass ihr Leben erfüllt ist von Liebe und Glück. So viel Freude, dass sie es nach der Arbeit gar nicht mehr erwarten können, endlich nach Hause zu kommen, um dieses Glück aufs Neue erleben zu können.

Wenn die Persönlichkeitsanteile der Frau Kuschelmaus, erotische Verführerin, sexuell aktive Frau, Umsorgerin und Muse mit denen des Mannes Kuschelbär, erotischer Verführer, sexuell aktiver Mann, Umsorger und geistiger Impulsgeber sich verbinden, können unbeschreibliche Wonnen und Freuden erlebt werden. Die Energien der Frau und des Mannes können zu einer Synthese kommen, miteinander korrespondieren und sich ergänzen, sie können sich gegenseitig befruchten, sich ausgleichen, sich austauschen, sich verstärken, sich gegenseitig günstig beeinflussen, sich erquicken, sich beschenken und bereichern, sie können synergetische Prozesse auslösen und ein neues Produkt entstehen lassen, das keiner von beiden allein zustande bringen würde.

Alleine ist es nicht möglich, das Glück der seelischen Intimität, des Kuschelns und des Liebesgeflüsters, der knisternden Erotik, der leidenschaftlichen Nächte, das Glück des gegenseitigen Umsorgens oder der gegenseitigen geistigen Befruchtung zu erleben. Nachfolgende Übersicht soll aufzeigen, wie Frau und Mann in einer Partnerschaft als gegenseitige Glücksbringer und Glücksverstärker fungieren können:

zärtliche Frau	‹ ›	zärtlicher Mann	*Folge:* Seelisches Glück. Glück der Intimität. Es entsteht eine paarspezifische Qualität bzw. Eigenart im Seelischen.
erotische Verführerin	↔	erotischer Verführer	*Folge:* Erotisches Glück. Es entsteht eine paarspezifische Qualität bzw. Eigenart in der Erotik.
leidenschaftliche Frau	↔	leidenschaftlicher Mann	*Folge:* Sexuelles Glück. Es entsteht eine paarspezifische Qualität bzw. Eigenart in der Sexualität.
Umsorgerin	↔	Umsorger	*Folge:* Das Glück der Sicherheit und des Zusammenhalts. Das Glück, gegenseitig füreinander zu sorgen. Es entsteht eine paarspezifische Qualität bzw. Eigenart im Zusammenleben.

| Muse | ↔ | geistiger Impulsgeber | *Folge:* Geistiges Glück. Es entsteht eine paarspezifische Qualität bzw. Eigenart im Geistigen. |

»Die Welt soll durch Zärtlichkeit gerettet werden.«

FJODOR MICHAILOWITSCH DOSTOJEWSKI

1. Quelle des Glücks: Die Freuden der Zärtlichkeit

Eine Schmusegeschichte
(Englisches Original von Claude Steiner)

»Vor langer, langer Zeit lebten einmal zwei glückliche Leute, Franz und Anna, mit ihren beiden Kindern Sebastian und Luci. Um zu verstehen, wie glücklich sie waren, muss man wissen, wie es damals zuging. In jenen Tagen wurde jedem Kind bei der Geburt ein kleiner warmer Schmusesack mitgegeben. Und jeder, der in diesen Sack hineinlangte, konnte einen warmen Schmuser herausholen. Die Nachfrage nach warmen Schmusern war sehr groß, weil derjenige, der einen warmen Schmuser geschenkt bekam, sich am ganzen Körper warm und liebkost fühlte. Menschen, die nicht regelmäßig warme Schmuser bekamen, holten sich leicht eine Krankheit im Rücken, die zur Verschrumpelung und dann zum Tode führte.

In jenen Tagen war es sehr leicht, warme Schmuser geschenkt zu bekommen. Jedes Mal, wenn sich jemand nach einem warmen Schmuser sehnte, konnte er zu jemandem hingehen und sagen: ›Ich hätte gerne einen warmen Schmuser.‹ Der andere griff dann in seinen Schmusesack und zog einen Schmuser heraus, so groß wie eine Kinderhand. Sobald dieser Schmuser das Tageslicht erblickte, lächelte er und verwandelte sich in einen großen flauschigen, warmen Schmuser. Man legte ihn dann auf die Schultern, auf den Kopf oder in den Schoß, und er schmiegte sich an und verschmolz mit der Haut und verströmte überall ein gutes Gefühl. Die Menschen erbaten sich oft warme Schmuser voneinander, und da sie stets freigiebig verteilt wurden, brauchte keiner Angst zu haben, zu kurz zu kommen. Es waren immer genug im Umlauf, und deshalb waren alle glücklich und fühlten sich die meiste Zeit warm und liebkost.

Eines Tages ärgerte sich eine böse Hexe darüber, dass alle so glücklich waren. Außerdem wollte schon seit geraumer Zeit niemand mehr ihr Zaubermittel kaufen. Die Hexe war hinterhältig und listig, und so entwarf sie einen bösen Plan. Eines wunderschönen Morgens kroch die Hexe zu Franz, während Anna mit ihrer Tochter spielte, und flüsterte ihm ins Ohr: ›Schau, Franz, schau dir nur all die warmen Schmuser an, die Anna Luci gibt. Weißt du, wenn sie so weitermacht, wird sie irgendwann keine mehr haben und dann werden keine mehr für dich übrig sein!‹ – ›Meinst du, dass nicht immer, wenn wir hineinlangen, ein warmer Schmuser in unserem Schmusesack ist?‹, fragte Franz erstaunt, und die Hexe sagte heimlich grinsend: ›Keineswegs, und wenn sie einmal weg sind, gibt es eben keine mehr. Man hat dann einfach keine mehr.‹ Mit diesen Worten entschwand sie auf ihrem Besen, und man hörte sie noch lange kichern.

Franz nahm sich dies zu Herzen und fing an darauf zu achten, wann Anna einen von ihren warmen Schmusern verschenkte. Schließlich wurde er besorgt und traurig, weil er Annas warme Schmuser sehr gerne mochte und sie nicht verlieren wollte. Er fand es plötzlich nicht mehr richtig, dass Anna ihre warmen Schmuser an die Kinder und andere Leute verteilte. Wenn Anna jemand anderem einen warmen

Schmuser gab, begann er sich zu beschweren, und weil Anna ihn gernhatte, hörte sie auf, anderen Menschen so häufig warme Schmuser zu geben, und reservierte sie für ihn. Die Kinder beobachteten dies und kamen bald auf die Idee, dass es falsch sei, warme Schmuser herzugeben, wann immer man wollte oder darum gebeten wurde. Auch sie wurden sehr vorsichtig. Sie beobachteten ihre Eltern genau, und wenn sie das Gefühl hatten, dass sie anderen Menschen zu viele Schmuser gaben, fingen sie an, sich zu beschweren. Auch wurden sie allmählich besorgt, dass sie selbst zu viele warme Schmuser vergeben könnten. Obwohl sie jedes Mal, wenn sie in den Sack griffen, dort einen warmen Schmuser vorfanden, langten sie immer seltener hinein und wurden immer geiziger.

Schon bald bemerkten die Menschen den Mangel an warmen Schmusern, und sie fühlten sich immer weniger warm und liebkost. Sie fingen an zusammenzuschrumpfen und gelegentlich starben Menschen an Mangel von warmen Schmusern. Immer häufiger gingen die Menschen zur Hexe und kauften ihre verschiedenen Mittelchen, auch wenn sie nicht zu wirken schienen. Die Situation wurde immer ernster. Die böse Hexe, die all dies gesehen hatte, wollte nicht wirklich, dass die Menschen sterben, da Tote ja keine Zaubermittel kaufen. Deshalb entwickelte sie einen neuen Plan: Sie gab jedem einen Sack, der dem Schmusesack sehr ähnlich sah, nur dass er kalt war. Im Sack der Hexe waren kalte Fröstler. Diese kalten Fröstler gaben den Menschen kein warmes und liebkosendes Gefühl, sondern hinterließen fröstelnde Kälte unter den Menschen. Aber sie vermieden eine Verschrumpelung des Rückens und bewahrten auch vor dem Tod wegen Mangel an warmen Schmusern. Von jetzt an sagten die Menschen jedes Mal, wenn jemand von ihnen einen warmen Schmuser haben wollte: ›Ich kann dir keinen warmen Schmuser geben, aber hier hast du einen kalten

Fröstler‹, denn sie bangten um ihren Vorrat an warmen Schmusern. Manchmal geschah es, dass zwei Menschen aufeinander zugingen und dachten, sie bekämen warme Schmuser. Doch einer von ihnen überlegte es sich dann doch anders, und schließlich gaben sie sich nur kalte Fröstler. Die Folge war, dass zwar nur noch wenige Leute starben, jedoch waren sehr viele Menschen unglücklich und fühlten sich kalt und fröstelnd.

Die Situation wurde sehr schwierig, da es angeblich immer weniger warme Schmuser gab. Aus diesem Grunde wurden die warmen Schmuser, die vorher selbstverständlich wie Luft waren, außerordentlich selten und wertvoll. Dies veranlasste die Menschen, alle möglichen Dinge zu tun, um dennoch an sie heranzukommen. Bevor die Hexe aufgetaucht war, waren die Leute in kleinen Gruppen zusammengekommen und hatten sich nie darum gekümmert, wer wem warme Schmuser gab. Aber seit dem Erscheinen der Hexe schlossen sich die Menschen nur noch in Paaren zusammen und reservierten so alle warmen Schmuser ausschließlich füreinander. Vergaß man sich einmal und gab jemand anderem einen warmen Schmuser, bekam man ein schlechtes Gewissen. Diejenigen, die niemanden finden konnten, die ihnen warme Schmuser geben konnten, mussten ihre warmen Schmuser nun für viel Geld kaufen. Um sich das leisten zu können, mussten sie viele Überstunden machen und hatten immer weniger Zeit für ihre Partner, Kinder und Freunde.

Einige Leute wurden irgendwie beliebt und bekamen eine Menge warmer Schmuser, ohne selbst welche herzugeben. Diese Leute verkauften dann aus ihrem Überfluss an warmen Schmusern welche an die ›ungeliebten‹ Leute, die die warmen Schmuser zum Überleben brauchten.

Aber es geschah noch etwas anderes Merkwürdiges: nämlich, dass die Leute kalte Fröstler sammelten, die ja umsonst in unbegrenzter Menge zu haben waren, diese weiß und flauschig machten und dann als warme Schmuser ausgaben. Diese scheinbar warmen Schmuser waren in Wirklichkeit Plastikschmuser und verwirrten die Leute sehr. Zum Beispiel kamen zwei Menschen zusammen und tauschten freigiebig Plastikschmuser aus, die ihnen ja eigentlich ein gutes Gefühl geben sollten; stattdessen fühlten sie sich jedoch schlecht. Da sie aber meinten, sie hätten warme Schmuser ausgetauscht, wurden die Menschen ganz bedrückt und durcheinander und merkten dabei nicht, dass ihre kalten, fröstelnden Gefühle in Wirklichkeit von den vielen Plastikschmusern kamen.

Die ganze Situation war sehr verzwickt, und all das kam nur daher, dass es der Hexe gelungen war, den Leuten einzureden, dass sie eines Tages, wenn sie es am wenigsten erwarteten, beim Hineinreichen in ihren warmen Schmusesack dort nichts mehr finden würden.

Vor gar nicht allzu langer Zeit geschah jedoch etwas Unerwartetes: Eine liebevolle Frau kam in dieses unglückliche Land. Sie hatte noch nie von der bösen Hexe gehört und sorgte sich daher nicht darum, dass sie einmal keine warmen Schmuser mehr übrig haben könnte. So verteilte sie ihre Schmuser freigiebig und sogar ohne darum gebeten zu werden. Man nannte sie die Zigeunerin, und man war über sie verärgert, setzte sie doch den Kindern in den Kopf, dass man sich nicht um ein Ausgehen der warmen Schmuser zu sorgen brauchte. Die Kinder mochten sie sehr gern, denn sie fühlten sich gut in ihrer Nähe und begannen wieder, warme Schmuser zu verteilen, wann immer sie Lust dazu hatten.

Die Erwachsenen wurden immer besorgter und beschlossen ein Gesetz zu verabschieden, das die Kinder davor schützen sollte, ihren Vorrat an warmen Schmusern zu vergeuden. Dieses Gesetz sollte das verschwenderische Verschenken warmer Schmuser ohne Genehmigung verhindern. Vielen Kindern schien das jedoch nichts auszumachen, und sie gaben einander trotz des Gesetzes weiterhin warme Schmuser, wenn sie sich danach fühlten, und immer, wenn sie darum gebeten wurden. Da es sehr viele Kinder gab, fast so viele wie Erwachsene, bestand die Hoffnung, dass sie sich vielleicht durchsetzen würden.

Im Augenblick ist es schwer zu sagen, was geschehen wird. Es ist noch nicht raus, ob Gesetz und Ordnung der Erwachsenen das Aufbegehren der Kinder bezwingen können, oder ob die Erwachsenen sich der Zigeunerin und den Kindern anschließen werden.«

Diese Geschichte von Claude Steiner steht symbolisch und analog für den Mangel an Zuwendung und Zärtlichkeit in unserer Gesellschaft. Wie sich ein solcher Mangel auswirken kann, wird besonders krass am Hospitalismus deutlich.

Alle negativen körperlichen und psychischen Begleitfolgen eines Krankenhaus- oder Heimaufenthalts nennt man Hospitalismus. Dazu gehören auch das mangelnde Umsorgen und die lieblose Behandlung von Säuglingen und Kindern. Berühmt sind in dieser Hinsicht die bahnbrechenden Untersuchungen des Psychoanalytikers René A. Spitz. Die eindringlichen Bilder seiner filmischen Dokumentation seelischen Leides von verlassenen Babys lösten selbst in Fachkreisen tiefe Bestürzung aus. Spitz und seine Mitarbeiter beobachteten Kleinkinder, die im dritten Lebensmonat von ihren Müttern getrennt wurden. Die Säuglinge verblieben in einem Waisenhaus, in dem sie hygienisch und medizinisch in jeder Hinsicht angemessen versorgt wurden. Da aber nur eine Säuglingsschwester für durchschnittlich acht bis zwölf Kinder zur Verfügung stand, mussten die Kinder allmählich »psychisch verhungern«: »Sie bekamen etwa ein

Zehntel der normalen affektiven Zufuhr, die sie in der üblichen Mutter-Kind-Beziehung bekommen hätten.« Nach der Trennung von ihren Müttern zeigten die Kinder zunächst Symptome des fortschreitenden Verfalls. Nach drei Monaten wiesen sie gravierende Verzögerungen in der Entwicklung auf: »Die Verlangsamung der Motorik kam voll zum Ausdruck; die Kinder wurden völlig passiv; sie lagen in ihren Bettchen auf dem Rücken. Sie erreichten nicht das Stadium motorischer Beherrschung, das notwendig ist, um sich in die Bauchlage zu drehen. Der Gesichtsausdruck wurde leer und oft schwachsinnig, die Koordination der Augen ließ nach. In den Testleistungen zeigten diese Kinder ein fortschreitendes Zurückbleiben. Der durchschnittliche Entwicklungsquotient betrug am Ende des zweiten Lebensjahres im Durchschnitt nur mehr 45 Prozent der Altersnorm. Von den 91 anfänglich im Findelhaus beobachteten Kindern waren bis zum Ende des zweiten Lebensjahres 34 gestorben, 57 lebten noch.«

Im Grunde genommen haben wir es im übertragenen Sinne aber auch mit einem weit verbreiteten »Erwachsenen-Hospitalismus« zu tun. Wodurch entsteht diese »Krankheit«? Wie kann so etwas sein, wenn man weder als Kind noch später als Erwachsener im Hospital war? Die Gründe können mannigfaltig sein und liegen verborgen in der individuellen Geschichte unserer Kindheit: Die Mutter strafte das Kind mit Zärtlichkeitsentzug, wenn es nicht artig war oder wenn es sich nicht ihrer Vorstellung gemäß verhielt. Ein neues Geschwisterchen erhielt alle Aufmerksamkeit, oder die Eltern hatten die Einstellung, wenn ein Kind über sechs Jahre alt, ist braucht es keine Zärtlichkeit und Zuwendung mehr.

In Wirklichkeit braucht jedoch jeder Mensch bis zu seinem Tod immer wieder Umarmungen und Streicheleinheiten – zuerst von seinen Eltern, dann von der Peergroup und schließlich von seinen Liebespartnern. Das ist das äußere Geschehen. Es gilt jedoch auch die innere Situation zu beachten. In der Psyche eines jeden Menschen bleibt die Eltern-Kind-Beziehung ein Leben lang bestehen.

Wie bereits festgestellt, geht es darum, dass man für sich selbst zum wahren Vater und zur wahren Mutter wird, aber auch dass man als Eltern sein eigenes inneres Kind immer versorgt, umhegt und pflegt und natürlich auch das Kind im Partner.

Es gilt zu bedenken: Jedes innere Kind schreit täglich nach Zuwendung, Zärtlichkeit und Liebe. Die meisten Menschen aber versuchen diesen inneren Schrei zu ignorieren, zu unterdrücken und zu übertünchen. Aus all diesen und anderen Gründen herrscht in unserer Gesellschaft ein unvorstellbarer Mangel an Zärtlichkeit. In unseren Zärtlichkeitsworkshops zeigt sich dieser Mangel ganz offen: Viele wagen hier zum ersten Mal in einem geschützten Raum ihre Bedürftigkeit zuzugeben und Zuwendung einzufordern. Manche möchten einfach nur mal fünf bis zehn Minuten von jemandem im Arm gehalten werden.

Es gibt aber auch Menschen, die wahre Naturtalente im Geben von Zärtlichkeit sind. Es kann eine Frau eine »queen of tenderness« oder ein Mann ein »king of tenderness« sein. Instinktiv spüren solche Menschen, wie sie ihren Partner mit Zärtlichkeit und Liebe verwöhnen können. Sie wissen um die fast unzähligen Zärtlichkeitspositionen und -varianten (in einem Workshop fanden die Teilnehmer 127 Zärtlichkeitsvarianten). Es gibt sogar mehr Zärtlichkeitspositionen als Sexstellungen. Vor allem sind es hier die feinen Nuancen der Zärtlichkeit, die oft große Wirkungen haben.

Besonders schön ist es, wenn man mit dem Partner wie mit einem Säugling umgeht, seinen Kopf hält, ihn wiegt, ihn an sich drückt, ihn küsst und ihm liebevolle Worte ins Ohr flüstert. Er muss das Gefühl haben, sicher und geborgen zu sein – und auch gegebenenfalls ruhig einschlafen zu dürfen.

Das als Kuschel- oder Bindungshormon bekannte Oxytocin kann auch helfen, Ängste zu bewältigen. Forscher der Universität Bonn kamen in einer Studie zu dieser Erkenntnis. Oxytocin, das bei Partnern oder bei der Mutter-Kind-Beziehung die Bindung fördert, hilft nach den Forschungsergebnissen aus Ängsten rascher herauszukommen und sie im Gedächtnis zu »überschreiben«.

Selbst wenn in einer Beziehung erotisch und sexuell nicht viel läuft, kein gegenseitiges Umsorgen erfolgt und auch geistig nur wenig Übereinstimmung herrscht, können allein regelmäßige Kuschelabende die Beziehung festigen und so viel Glück bewirken. Während des Kuschelns werden alle Sorgen und Nöte vergessen, vieles vom Alltag verliert an Wichtigkeit. Es ist, wie wenn man in einer anderen Welt wäre, in der man Zeit und Raum vergisst.

Der Einzelne spürt wie seelische Wärme überströmt, wie sein seelischer Akku geladen wird, wie sich Glück und Zufriedenheit einstellen. Es ist wie wenn er sich im Paradies befände.

Aus all dem Gesagten wird auch klar, was wahre Liebe bedeutet.

Wahre Liebe bedeutet, einen Menschen jenseits aller Masken und Rollen zu lieben, das heißt sein wahres Wesen zu erkennen und anzunehmen.

Dieses wahre Wesen im anderen kann aber nur wahrgenommen werden, wenn man selbst einen Zugang zu seinem eigenen wahren Wesen, zu seiner wahren Natur, zu seiner eigenen Gefühlswelt, zu seinem inneren »Tier« und zu seinem Schatten gefunden hat. Erst wenn jemand weiß, was alles in ihm wohnt, kann er Verständnis zeigen für das, was den anderen ausmacht. Nur dann kann er den anderen lieben, obwohl dieser vielleicht voller Vorurteile und intolerant ist, sich in finanziellen Schwierigkeiten befindet oder einen Hang zur Promiskuität hat. Wer echt liebt, möchte wissen, warum der andere intolerant, finanziell mittellos oder ständig untreu ist. Er nimmt davon Abstand, den anderen deshalb zu entwerten oder ihn dafür zu verurteilen. Er möchte wissen wie der oder die andere wirklich fühlt und denkt, welche Prägung er oder sie in der Kindheit erfahren hat und welche Ängste und Schutzhaltungen daraus resultieren.

Wahre Liebe drückt sich in körperlicher, seelischer und geistiger Form aus. Wirklich zu lieben heißt, den Drang zu verspüren, dem anderen körperliche, seelische und geistige Freuden zu schenken und das innere Kind, das heißt den kleinen Jungen bzw. das kleine Mädchen im Partner anzunehmen, zu herzen und ihm Geborgenheit zu geben. Nur daraus erwachsen echtes Vertrauen, wahre Intimität – und wahre Liebe.

Um die Motivation zu steigern, die Fähigkeit, Zärtlichkeit zu schenken, auszubilden, werden kurz die negativen Folgen aufgezeigt, die gewöhnlich in einer Partnerbeziehung auftreten, wenn diese Anlage nicht eingesetzt wird.

Bei Fehlen des Persönlichkeitsanteils
zärtliche Frau/zärtlicher Mann

→ Es entsteht keine seelische Intimität.
→ Der Partner wird seelisch nicht ausgeglichen.
→ Der Partner fühlt sich nicht angenommen.
→ Der Partner fühlt sich ungeborgen.
→ Das Bindungshormon Oxytocin wird nicht ausgeschüttet.
→ Der Partner kann keine neue seelische Energie auftanken.
→ Der Partner erfährt keine seelischen Freuden.
→ Der Partner wird unzufrieden.
→ Da die seelische Energie nicht beantwortet wird, wandelt sie
   sich in Aggression, Wut, Fanatismus oder Krankheit um.
→ Die Defizite an Geborgenheit müssen auf einem anderen
   Lebensfeld kompensiert werden.
→ Es entsteht eine Suchttendenz.

Hier und auch in den folgenden vier Quellen des Glücks soll deutlich gemacht werden, dass dem Partner jeweils etwas Gravierendes fehlt. Der Partner wird dadurch in seiner Ganzheit eingeschränkt und in seiner Bindungsbereitschaft geschwächt. Wenn eine Frau einen Persönlichkeitsanteil noch nicht aktiviert hat, also brachliegen lässt, kann ihr Mann den Gegenspieler nicht leben, wenn ihm ein Anteil fehlt, kann wiederum sie nicht als Gegenspielerin fungieren. Fehlt der Gegenpart, dann kann man auch mit der eigenen Anlage – und sei sie noch so exzellent ausgebildet – nichts anfangen – es ist dann so, als würde man die Anlage gar nicht haben. Es kommt dann zu einer Ungleichgewichtsmanifestation. Jede Verwehrung einer Anlage macht deutlich, dass die mangelnde Investition einer Anlage auch für einen selbst weitreichende Folgen zeitigt. Man bekommt dann etwas anderes nicht, was man gerne haben möchte oder dringend brauchen würde.

*»Die Erotik gehört einerseits zu der ursprünglichen
Tiernatur des Menschen, welche solange bestehen wird,
als der Mensch einen animalischen Körper hat.
Andererseits aber ist sie den höchsten Formen
des Geistes verwandt.
Sie blüht aber nur, wenn Geist und Trieb
im richtigen Einklang stehen.«*

CARL GUSTAV JUNG

2. Quelle des Glücks: Die erotischen Freuden

In der Erotik kommen Trieb und Gefühl *bewusst* zu einer
Synthese. Bewusst heißt, dass man über seine körperliche
und seelische Eigenart reflektiert, dass man sie weiterentwickelt und differenziert hat, und sie so bewusst einsetzen
kann. Unter Erotik kann man also eine erweiterte Sexualität verstehen, bei der man gelernt hat, sich auf die körperliche und seelische Eigenart des Partners einzustellen, bei
der *actio* und *reactio* beachtet werden und bei der man die
Gesetze des Eros für sich nutzbar gemacht hat. Erotik ist
eine Kunst, die es zu erlernen gilt. Längst nicht alle Menschen besitzen von sich aus die Fähigkeit, es sich und dem
Partner schön und angenehm zu machen, Freude zu schenken und zu empfangen. Zwei Menschen, welche die Kunst
der Erotik beherrschen, sind fähig, zum Beispiel ein Wochenende voller Liebe und Glück zu erleben. Sie entwickeln
immer wieder neue Ideen, wie sie den Partner erfreuen und
beglücken können, wie sie seine Gefühle in Wallung bringen können. Allerdings setzt Erotik »gereinigte« Gefühle

voraus. Depressionen, Ängste, Hemmungen, Schuldgefühle etc. schränken das erotische Erlebnis ein; ebenso beengte Wohnverhältnisse, Krankheiten, Zwangsrituale, Voreingenommenheit und vieles mehr.

Der sinnliche Mensch ist fähig, eine erotische Atmosphäre zu schaffen, durch seinen körperlichen und seelischen Ausdruck, durch seine schöne, ästhetische Kleidung, durch seine Wohnumwelt, durch anregende Speisen ... Er richtet es so ein, dass sowohl sein Auge, sein Ohr, seine Nase, sein Gaumen, sein Körper und seine Seele als auch die Sinne, der Körper, die Seele des Partners erfreut werden.

Er hat sich innerlich und äußerlich von stickigem Moder befreit, empfindet ein Recht auf Wohlleben, Freiheit und Genuss. Im Unterschied zu oberflächlichem Luxus muss ein erotisches Leben nicht mit großen Kosten verbunden sein. Oft können mit wenig Aufwand größere Wirkungen erzielt werden als mit teuren Kleidern oder einer luxuriösen Umgebung.

Sinnlich zu sein bedeutet auch nicht – wie immer wieder irrtümlich angenommen wird –, ständig erregt zu sein, vielmehr ist Erotik ein Ausdruck von Ausgeglichenheit, Harmonie, Glück, Freude und von Wohlgefühlen. Man lebt in einer angenehmen Atmosphäre. Man lässt es sich einfach gut gehen. Allerdings setzt ein solches Wohlleben voraus, dass die ursprünglichen Bedürfnisse bereits gestillt sind. Ständige Sorgen zum Beispiel um Obdach oder Arbeitsplatz lassen die Erotik nur schwer aufkeimen. Erotikfeindlich waren daher immer alle Entwicklungsphasen der Menschheit, die von Krankheit, Krieg und Not gekennzeichnet waren, in denen der Mensch kämpfen musste, um sein Dasein zu sichern.

Ist jedoch die materielle Sicherheit – was nicht gleichbedeutend ist mit Reichtum – gegeben, so kann der Mensch seine Triebe und Gefühle »veredeln«, nicht im Sinne des Freud'schen

Abwehr- und Anpassungsmechanismus der Sublimierung, sondern indem die körperliche und seelische Liebe auf neuen Ebenen und in den verschiedensten Nuancen entwickelt wird. Diese Weiterentwicklung bedeutet, dass die Erotik zu einem spezifisch menschlichen Phänomen wird. Diese Art der Loslösung vom Animalischen unterscheidet sich grundsätzlich von den Anschauungen der Triebverleugner, die mittels Askese und Verdrängung das »Tier« in sich zu überwinden suchen. In einer solch neuen Sinnlichkeit sind Natur und Kultur harmonisch vereint. Lebendige Erotik ist ein Bestandteil einer neuen Humanität.

Aphrodite ist in der griechischen Mythologie die Göttin der Liebe, der Schönheit, der sinnlichen Begierde und der Erotik.

Sie besaß einen Zaubergürtel: Darin waren alle die Zauber enthalten:

»Liebe und Liebesverlangen und Liebesgeplauder, wie es schon oft verständigen Männern die Sinne berückt hat«, so heißt es in einer antiken Hymne.

Erotik ist nach diesem Verständnis eine Domäne der Frau. Sie schafft die erotische Stimmung, die so viel Freude und Glück spendet.

Die Frau ist in der Erotik mehr die Aktive, der Mann mehr der Reaktive. Durch seine Reaktionen aber beeinflusst er wiederum entscheidend die Aktionen der Frau. Wenn er keine Reaktionen zeigt, ist die Frau frustriert und fühlt sich nicht begehrt.

Der Mann kann durch seine Reaktionen bestimmte erotische Ideen und Verhaltensweisen der Frau hervorrufen oder verstärken. Wenn er von ihrer erotischen Ausstrahlung und ihrer Verführungskunst begeistert ist, stärkt er das Selbstbewusstsein und die Lebensfreude der Frau.

Wichtig ist aber, dass der Mann auch zu einer sinnlichen Atmosphäre beiträgt – z. B. durch eine ästhetische Kleidung, durch Hygiene und Sauberkeit oder bereits im Vorfeld des Liebesspiels durch die Beseitigung von verschiedenen Störfaktoren und durch Lösung von Konflikten. Er kann ein erotisches Umfeld schaffen. Wenn der Mann seinen Part nicht einbringt, kann die Erotik nicht zu einem Fest werden.

Wir haben bei dem Kapitel über entgangene Freuden und entgangene Gewinne den Fall von Sandra besprochen, die durch triste Kleidung jeglichen erotischen Reiz zu unterbinden wusste. Jetzt wollen wir das Phänomen des erotischen Reizes noch näher beleuchten. Hierzu der Fall von Ellen.

Ellen lebt seit sechs Jahren mit Egon zusammen. Beide verstehen sich auf allen Lebensgebieten blendend – mit Ausnahme des Bereichs Erotik. Sie berichtet: »Egon verlangt von mir, dass ich eine ganz bestimmte Rolle spielen soll, ehe es zum Geschlechtsakt kommt. So wünscht er sich das eine Mal, dass ich nur mit einer Perlenkette bekleidet in hohen Sandaletten das Schlafzimmer betrete, ein andermal möchte er, dass ich in Reizwäsche das Abendessen servieren soll, dann wieder erwartet er, dass ich ihm scharfe Sachen erzähle. Ich fühle mich dabei ständig unter Druck. Oft weigere ich mich einfach, solche Dinge zu machen. Ich komme mir dabei blöd vor. Und wenn ich einmal um des lieben Friedens willen ihm dieses Theater vorspiele, dann erscheint mir die Erotik so gezwungen, so unecht.

Ich meine, dass wir auch ohne einen solchen Zirkus zu einer befriedigenden Sexualität kämen. Ich frage mich manchmal, warum Egon das überhaupt nötig hat.«

Nach dem »Gesetz des Ausgleichs« (s. S. 232) steht derjenige unter Druck, der keine eigene Vorstellung ausbildet, der kein Muster, kein eigenes Programm zur Verfügung hat. Da Ellen kein eigenes Programm entwickelt hat, wird sie mit der Erwartungshaltung von Egon konfrontiert. Insofern erscheint die Vorstellung des Partners als Druck, denn es ist ja seine Fantasie und nicht ihre eigene. Ellen wird also durch den Gegenpol ausgeglichen und leidet an dem, was ihr fehlt. Man kann es auch so erklären: Sie hat selbst in sich ihre erotische Eigenart nicht entwickelt, hat sie unterdrückt. Deshalb erscheint ihr in der Außenwelt ihre eigene Unterdrückung als Druck des Partners. Der Druck des Partners fungiert dabei als *Verstärker* – sie kann dadurch noch weniger zu ihrer erotischen Eigenart finden. Doch, das, was sie als äußeren Druck erlebt, will ihr eigentlich nichts anderes als ihren eigenen inneren Druck bewusst machen. Es ist daher wenig effizient, sich gegen den äußeren Druck aufzulehnen. Ein solches Unterfangen würde einer Sisyphusarbeit gleichkommen. Viel besser wäre es hingegen, wenn sie eine *eigene* Vorstellung, ein eigenes Programm entwickeln würde, wie sie selbst die Erotik gestalten möchte bzw. was ihr gefallen würde. Auf diese Art und Weise hätte sie etwas, was sie in die Waagschale werfen könnte, hätte sie etwas, was *sie* anbieten könnte. Aufgrund dessen bestünde dann auch die Möglichkeit sich mit dem Partner abzusprechen, sich zu arrangieren, einander entgegenzukommen.

Da Ellen ihren Partner aufgrund seiner erotischen Vorstellungen entwertet, ist es aber auch notwendig, zunächst abzuklären, wo die Grenze zwischen einer normalen Sexualität und der sexuellen Abweichung liegt. Die sexuelle Vorliebe für einzelne Körperteile, Dessous, Kleidungsstücke, Schuhe und andere Gegenstände gilt allgemein als gewöhnliche Spielart der Sexualität. Solange der Fetisch mit einem lebenden Menschen verbunden ist und der unbelebte Gegenstand nicht das alleinige Lustobjekt ist, liegt kein krankhaftes sexuelles Verhalten vor. Im Grunde genommen sind fast alle Männer Fetischisten (Fetischismus kommt bei Frauen selten vor). Fast jeder Mann präferiert irgendwelche äußeren Gegenstände oder Kleidungsstücke, angefangen von High Heels, Fußkettchen, BH's, Netzstrümpfen, halterlosen Strümpfen, Strapsen, Korsagen, Intimwaschlappen, Fell-, Lack-, Latex-Kleidung bis hin zu rot lackierten Finger- und Zehennägeln. In Bezug auf High Heels gibt es eine interessante aktuelle Studie der Université de Bretagne-Sud, nach der Männer umso hilfsbereiter sind, je höher die Absätze der Schuhe von Frauen sind. Im Gegensatz dazu hatte die Absatzhöhe keine Auswirkung auf die Hilfsbereitschaft von Frauen.

In einem abschließenden Experiment fanden die Forscher heraus, dass Männer in einer Bar schneller mit Frauen ins Gespräch kamen, die hohe Absätze trugen. »Die Absatzhöhe von Frauen übt einen starken Einfluss auf das männliche Verhalten aus«, fasst Nicolas Guegen, der Leiter der Studie, die Ergebnisse zusammen. Seiner Meinung nach hat sich gezeigt, wie stark der Fokus der Männer auf den physischen Attributen einer Frau liegt, wenn sie das andere Geschlecht beurteilen oder mit ihm interagieren.

Der ausgeprägteste Fetischismus bei Männern ist jedoch der Körperteil-Fetisch, d. h. die Vorliebe für eine bestimmte Körperregion bei Frauen. Häufig sind das eine bestimmte Poform (Apfel, Birne, Tomate, Kartoffel oder Nektarine) oder eine bestimmte Form der Brüste einer Frau.

Es handelt sich dabei um einen (unbewussten) symbolischen Ausgleich. Hierbei muss unterschieden werden zwischen dem symbolischen Ausgleich für den Mann und jenem für die Frau. So können bestimmte körperliche Attribute der Frau eine symbolische Darstellung dessen sein, was dem Mann fehlt. Zum Beispiel wenn ein Mann in seiner Kindheit wenig seelische Wärme und Geborgenheit erlebte, kann er eine Vorliebe für Frauen mit großen Brüsten entwickeln. Wenn er sich als Kind schwergetan hat, seinen Platz in der Familie zu finden oder man ihn ständig entwertet hat, entsteht eine Vorliebe für Frauen mit ausgeprägtem Po. Der Po auch Sitzfleisch oder Allerwertester genannt, steht dann symbolisch für Platznehmen, Sich-Niederlassen, fest sitzen und Sicherheit. Es geht dabei im Grunde um das Gefühl, etwas wert zu sein.

Was für den Mann der weibliche Busen, ist für Frauen oft das Haus oder die schöne Wohnung des Mannes, wo sie Geborgenheit und Heimeligkeit erleben kann. Und was für den Mann der weibliche Po, sind für die Frau möglicherweise Status und Besitz des Mannes.

Wie wir oben gesehen haben, braucht es nicht unbedingt Brüste oder Po, um den Mann zu verzaubern. Eine Frau kann erotische Reizmittel einsetzen, um Männer kennenzulernen. Wenn eine Frau es darauf anlegt, kann sie durch geschickt in Szene gesetzte Reize wie Miniröcke oder rote Fingernägel jede Sorte von Mann kennenlernen, immer abhängig von dessen jeweiligen Vorlieben. Die Schwierigkeit liegt jedoch darin zu erkennen, wann der Zeitpunkt und die Situation passend sind und wann nicht. Wir haben gesehen, dass in der Kunst der Erotik sehr viel Einfühlungsvermögen, sehr viel Wissen um das andere Geschlecht, sehr viel Schauspieltalent, sehr viel Wohlwollen und Liebe dem Partner gegenüber enthalten ist.

Wichtig ist, dass Frauen wie Männer ihre ganz persönliche erotische Eigenart ausbilden und sich auf die erotische Eigenart ihres Partners bzw. ihrer Partnerin einstellen.

Zunächst können wir darüber nachdenken, auf welche Art und Weise wir unsere erotischen Eigenarten zum Ausdruck bringen wollen.

Da Erotik tief empfundene Sinnenfreude ist, Freude durch Sehen, durch Hören, durch Riechen, durch Schmecken, durch Berühren, können Ideen und Vorstellungen entwickelt werden, wie man seine körperliche und seelische Eigenart, sein körperliches und seelisches Empfinden am besten ausdrückt und zugleich damit bewirkt, dass der Partner erotisch erregt, verführt, erfreut, verwöhnt und geliebt wird.

Optisch reizen: Ist zum Beispiel eine Frau in einer erotischen Stimmung und weiß sie um die Tatsache, dass Männer besonders visuell ansprechbar sind, so kann sie selbst Freude daran haben, ihren Körper zu zeigen und durch Schminke, verschiedene Kleidungsstücke oder Schmuck das Beste aus ihrem Typ zu machen. Dabei ist es wichtig, dass ihr bewusst ist, dass sie z. B. durch jedes Kleidungsstück, durch Farbe, Schnitt und Form und auch durch jeden Schmuck, den sie anlegt, **jeweils immer wieder andere Gefühle beim anderen Geschlecht auslöst.** Ja, selbst die Art ihrer Ohrringe kann jeweils immer wieder eine andere Stimmung in den Raum zaubern, den sie betritt. Es macht einen Unterschied, ob es sich bei den Ohrringen z. B. um Perlenohrringe, Kreolen, um Ohrringe mit Sternen oder mit Herzchen handelt. Welche lösen beim Partner eine freudige Stimmungslage, welche lösen Anerkennung, Gefühle der Zuneigung, Liebesgefühle, erotische Reize oder den Drang, sie zu beschützen, zu umarmen oder zu küssen, aus? Diese feinen Nuancen, was durch das Outfit der Frau erwirkt wird, sind vergleichbar mit den Sternen der Erde, den Blumen.

Eine Tulpe löst bei ihrer Betrachtung ein anderes Gefühl aus als eine Rose oder ein Gänseblümchen. Die Frage ist also immer nicht nur, was gefällt der betreffenden Frau, was steht ihr am besten, sondern auch, was erwirkt sie beim anderen Geschlecht damit, wie sie sich schminkt, kleidet und zeigt.

Für den Großteil der Männer gilt: Es ist immer dann für den Partner schön, wenn sie das Feminine betont. Denn wie schon Goethe sagte: »Das ewig Weibliche zieht uns hinan.«

Akustisch reizen: Ein Mann kann beispielsweise seine Gefühle zeigen, indem er seiner Partnerin zärtliche, liebe oder erregende Worte ins Ohr flüstert, kann sie damit locken, erregen, ihr Sicherheit und Geborgenheit vermitteln, in ihr

Gefühle der Freude und des Glücks auslösen. Voraussetzung dafür ist allerdings, dass man wirklich empfindet, was man verbal zum Ausdruck bringt, dass also Inhalt und Form eins sind. Besonders entscheidend dabei ist, *wie* man etwas sagt. Außerdem ist es günstig, auch akustisch für Abwechslung zu sorgen, seinen Wortschatz zu erweitern, die Worte zu variieren, sich neue Möglichkeiten auszudenken. Nur ständig die drei Worte »Ich liebe dich« zu wiederholen, kann Langeweile oder eine gewisse Abstumpfung hervorrufen.

Auch Gerüche reizen: Jeder Mensch hat einen ganz spezifischen Geruch. Wäre unser Geruchssinn nicht so stark verkümmert, würde die Chance bestehen, passende Partner schon von Weitem zu »wittern«. Im Volksmund sagt man auch heute noch: Den oder die kann ich nicht riechen. Die Schwierigkeit liegt hier insbesondere darin, dass der ureigene Geruch eines Menschen in unserer Zivilisation durch eine ungesunde Lebensweise, falsche Ernährung und entfremdete Arbeitsverhältnisse sowie durch allerlei Wässerchen und Parfüms ständig verfälscht wird. Otto Mainzer meint hierzu: »Die erotische Wahrnehmung und persönlich-zärtliche Witterung wird von modern-moralischer Kosmetik überlagert. Oft geht dieser Prozess Hand in Hand mit vermeintlichen Erfordernissen einer Hygiene, welche puritanische Tabus camoufliert und auf scheinvernünftige Art erzwingen hilft, wie obligate tägliche Duschen und Deodorants. Sind alle wechselseitigen erotischen Signale durch modern-geschlechtsfremde Routinen ausgeschaltet, so wird es immer schwieriger, zwischen den geschniegelten und gebügelten, garantiert keimfreien Zweibeinern, deren tägliche Berührung auf dem Nullpunkt der Persönlichkeit gehalten und banalisiert ist, irgendeine Art von Spontaneität wiederherzustellen.«

Es gilt also, den eigenen Geruch wiederzugewinnen durch Abbau der Entfremdung – durch Erleben von Sonne, Wind,

Wasser und Natur und durch die Umstellung auf eine natürliche Ernährung, wodurch sich der Schweißgeruch verändert, weil der Körper sich weniger toxische Stoffe entledigen muss – und vor allem durch mehr körperliche und seelische Liebe (= andere Hormonausschüttung).

Das über den Geruchssinn Gesagte gilt fast ebenso für den Geschmackssinn. Durch übermäßigen Tabak- und Spirituosengenuss sowie falsche Ernährung sind die Geschmacksknospen oft pervertiert worden. Auch über den unverfälschten Geschmackssinn ließe sich eine Partnerwahl treffen. Da zum Beispiel jeder Kuss anders schmeckt, kann derjenige, der sich gerade in einem Partnerwahlprozess befindet und dabei viel küsst, diejenigen Menschen finden, die seinem »Geschmack« gemäß sind.

Versteht man Geschmack in einem weiteren Sinne, so spielt in der Liebe eine große Rolle, ob es jemand versteht, eine erotische Atmosphäre zu schaffen, die nach dem Geschmack der Partner ist und in der sich beide wohlfühlen. Vieles kann dann erotisierend wirken – appetitliche Speisen, ein paradiesischer Garten, eine anheimelnde Umgebung, warmes gedämpftes Licht, schöne Musik und vieles mehr. Eine »unerotische« Umgebung hat schon manches Liebesfest verhindert oder in der Qualität erheblich gemindert.

Bei Fehlen des Persönlichkeitsanteils erotische Frau/erotischer Mann:

→ Es entsteht keine erotische Stimmung.
→ Die Lebensfreude wird reduziert.
→ Der Partner befindet sich in einer weniger guten Stimmungslage und freut sich während des Tages nicht auf die schönen Stunden zu zweit.
→ Die Liebesgefühle des Partners lassen nach.
→ Der Partner zeigt weniger Begehren.

→ der Partner hat weniger Drang, Zärtlichkeit zu schenken, sexuell aktiv zu werden und den anderen zu umsorgen (= Auswirkungen auf andere Lebensgebiete).

→ Die Lebensqualität des Partners wird gemindert.

→ Der Partner ist weniger großzügig und bringt seltener Geschenke mit.

→ Der Partner fühlt sich nicht wertgeschätzt.

→ Der Partner sucht die erotischen Reize anderswo.

→ Der Partner ist unausgeglichen und muss auf anderen Lebensfeldern kompensieren.

3. Quelle des Glücks: Die sexuellen Freuden

Unter dem Sexualtrieb wird die dynamische, energetisierende Komponente derjenigen zielgerichteten Verhaltensweise verstanden, die den Organismus dazu »antreiben« oder »energetisieren«, ein Bedürfnis zu befriedigen. Der Sexualtrieb ist ein angeborener oder primärer Trieb. Er kann in abnormer Weise gesteigert, herabgesetzt oder qualitativ verstärkt vorkommen. Jeder Trieb hat nach Sigmund Freud seinen Ursprung in einer körperlichen Erregung, die eine Triebspannung erzeugt.

Unter Sexualität versteht man den Akt der Sexualität als solchen. Er beinhaltet das Vorspiel, den Koitus mit seinen verschiedenen Stellungen und den Orgasmus.

Das größte Hindernis für eine befriedigende Sexualität ist immer noch – trotz Emanzipation und scheinbarer sexueller Freizügigkeit – die alte Sexualmoral.

Viele Menschen meinen, natürlich sei all das, was der Norm gemäß ist und dementsprechend sei alles pervers, was von dieser Norm abweicht.

Doch diese oft als unumstößlich geltende Norm hat sich zu allen Zeiten immer wieder geändert und differiert in einzelnen Kulturkreisen erheblich. Die Norm ist darüber hinaus zeitepochenspezifisch, milieuspezifisch, kulturspezifisch, ja sogar familien- und personenspezifisch. So gelten z. B.

für manches Nesthäkchen in der Familie meist freiheitlichere Normen in Bezug auf Sexualität als etwa für das erstgeborene Kind. Die Norm ist daher kein Maßstab dafür, ob etwas natürlich ist oder nicht. Sondern symbolisiert lediglich eine Entwicklungs- und Bewusstseinsphase der Gesellschaft oder des Individuums.

Eng verflochten mit diesen Normen sind naturgemäß die sogenannten Perversionen (Abweichungen von der Norm). Jede Norm schafft und erwirkt andere Perversionen. Daher sind also Perversionen Folgeerscheinungen von bzw. Reaktionsformen auf bestimmte Normen. Pervertiert bedeutet so viel wie »verdreht«, und es liegt der Verdacht nahe, das die meisten Normen und Ideale bezüglich sexuellen Verhaltens an sich schon verdreht, d. h. gegen die menschliche Natur gerichtet sind, und so die Verdrehung der natürlichen Sexualität entsteht.

Denn: Wären die gesetzten Normen und Ideale naturgemäß, könnten daraus keine Perversionen resultieren. Es würden sich ganz einfach die Begriffe normal und pervers von selbst auflösen.

> In einer bewussten Paarbeziehung geht es viel mehr als bei der alten Rollenteilung darum, sich auf die persönlichen Eigenarten, auf die individuellen Anlagen und Ressourcen, auf die Möglichkeiten und Wünsche des Partners einzustellen.

So ist es auch in der Sexualität. Es geht bei einer solchen bewussten Partnerschaftsform nicht einfach nur um Triebbefriedigung, sondern Sexualität beinhaltet hier, dass man versucht, die sexuellen Eigenarten der beiden Partner zu einer Synthese zu bringen. Der Körper des Partners wird zu einem Land, das es zu entdecken gilt. Und wenn es nicht gleich von Anfang an klappt, ist es nicht angesagt, sofort aufzugeben und sofort zum nächsten Partner überzugehen, sondern vielmehr die eigene Art oder das eigene Muster von manueller, oraler oder genitaler Stimulierung zu verändern beziehungsweise sein eigenes Sexualprogramm zu erweitern. Ein anderer Griff, ein anderer Winkel, von dem aus die Stimulation erfolgt, eine andere Art von Druck oder des Streichelns, ein anderes Zungenspiel, ein anderer Rhythmus können zu einer optimalen Erregung führen. Besonders wichtig ist, darauf zu achten, wenn eine langjährige Beziehung beendet wurde und ein neuer Partner auf der Bühne des eigenen Lebens erscheint. Dabei kann man oft feststellen, dass das, was den bisherigen Partner so sehr erregt hat, den neuen kaltlässt.

Insofern kann man ein bestimmtes sexuelles Verhalten nicht 1 : 1 in die neue Beziehung übernehmen. Der neue Partner ist anders, hat andere sexuelle Vorlieben, eine andere körperliche und sexuelle Eigenart, hat andere sensible erogene Zonen, andere Sexualfantasien und ein anderes Sexualverhalten.

Folglich müssen actio und reactio neu abgestimmt werden, es muss das Timing und die Koordination stimmen.

Dies ist oft ein längerer Prozess, der nur erfolgreich sein kann, wenn beide Partner nicht ungeduldig werden, wenn keine Schamgefühle, Ängste oder Unsicherheiten entstehen.

Große Bedeutung hat die Akustik besonders während der sexuellen Vereinigung. Es gibt Paare, die den Akt in völliger Lautlosigkeit vollziehen. Hier können Töne des Entzückens und der Wollust ungeahnte Leidenschaften entfachen. Je mehr der eine Partner aus sich herausgeht, umso mehr wagt auch der andere, sich zu entäußern. War vielleicht vorher die Szenerie dadurch gekennzeichnet, das man sich gegenseitig in seiner Hemmung verstärkt hat und dadurch nur eine reduzierte Sexualität erleben konnte, so wird nachher der Genuss des einen durch den Genuss des anderen gesteigert.

Bei Fehlen des Persönlichkeitsanteils
sexuell aktive (leidenschaftliche)
Frau/sexuell aktiver (leidenschaftlicher) Mann:

⇸ Der Partner fühlt sich sexuell nicht ausgeglichen.
⇸ Der Partner wird zu wenig erregt und muss auf sexuelle Wonnen verzichten.
⇸ Der Partner schraubt sein Werbeverhalten zurück.
⇸ Der Partner ist gezwungen, die sexuellen Triebe zu verdrängen.
⇸ Der Partner somatisiert den Triebverzicht in Form von Kopfschmerzen oder Unterleibsbeschwerden.
⇸ Der Partner kommt hormonell aus dem Gleichgewicht – zu wenig Testosteron- bzw. Östrogenausschüttung.
⇸ Der Partner versucht seine Triebe anderweitig zu befriedigen.
⇸ Der Partner wird energetisch nicht aufgeladen.
⇸ Die Lebensfreude des Partners wird reduziert.
⇸ Der Partner wird unzufrieden.
⇸ Es entsteht keine sexuelle Intimität.
⇸ Der Partner sublimiert seine sexuellen Triebe.
⇸ Der Partner reduziert seine Investitionen an Zeit und Kraft auch auf anderen Beziehungsfeldern.
⇸ Die Großzügigkeit und Toleranz des Partners schwindet.
⇸ Der Partner geht auf Distanz oder beendet die Beziehung.

»Je mehr Freude wir anderen Menschen machen,
desto mehr Freude kehrt ins eigene Herz zurück.«

UNBEKANNT

4. Quelle des Glücks: Die Freuden des gegenseitigen Umsorgens

Das Geheimrezept einer guten Partnerbeziehung lautet: Jeder der beiden Partner sorgt dafür, dass es ihm und seinem Partner gut geht. Auf diese Weise sorgen immer gleich zwei Menschen dafür, dass es einem gut geht. Es ist für jeden eine große Erleichterung zu wissen, dass in schwierigen Situationen ein Partner da ist, auf den man zählen kann, der einen nicht im Stich lässt, der hilft, wenn was schiefgelaufen ist, der beisteht, wenn es einem schlecht geht und der nichts auf einen kommen lässt.

Jeder der Partner sorgt dafür, dass der andere keinen Mangel hat, dass die ursprünglichen Bedürfnisse nach Nahrung, Kleidung und Wohnung gestillt sind und bei Krankheit jemand da ist, der einem beisteht, der einen pflegt, der den Gesundungsprozess unterstützt.

Das gegenseitige Umsorgen stellt gewissermaßen die Fortsetzung der Freuden der Zärtlichkeit dar. Ist man bei Letzteren sich gegenseitig Vater, Mutter und Kind auf der seelischen Ebene, so geht es jetzt um das gegenseitige Umsorgen auf der materieller Ebene.

Diese Gesten der Zuwendung und der seelischen Liebe sind Ausdruck der Zärtlichkeit, die man füreinander empfindet. Dies kann dadurch geschehen, dass man dem Partner Blumen mitbringt, einen Zeitungsausschnitt, der ihn interessiert, ein Buch zu einem Thema, mit dem er sich gerade beschäftigt, etwas Leckeres zu essen oder irgendetwas anderes, von dem man weiß, dass er es gerne hat und daran Freude haben wird. So wie man einem Kind Geschenke mitbringt, so sorgt man dafür, dass auch das innere Kind des Partners sich wohlfühlt und sich an etwas erfreuen kann.

Besonders wichtig in diesem Zusammenhang ist auch, dem Partner die Freiheit zu geben, auch als Einzelwesen etwas zu unternehmen – sei es, dass er sich mit Freunden trifft, Sport treibt, einem Hobby nachgeht oder Kinder, die aus einer früheren Beziehung stammen, besucht...

In einer Partnerbeziehung muss gewährleistet sein, dass der Mann Mann und die Frau Frau sein darf. Und es geht darum, den Partner bei der Entfaltung seines körperlichen, seelischen und geistigen Potenzials zu stärken, ihn bei der Verwirklichung seiner Anlagen zu fördern und zu unterstützen.

Das Umsorgen des Partners bedeutet also im erweiterten Sinne, dass man nicht nur dafür Verständnis hat, sondern sogar auch mit dafür Sorge trägt, dass der Partner ausgeglichen und zufrieden ist.

> Jeder der beiden Partner hat das Recht, sich auszugleichen! Nur dadurch ist gewährleistet, das der Partner auch ein Eigenleben führen darf, das sich zu guter Letzt wieder günstig auf die bestehende Zweierbeziehung auswirkt.

Voraussetzung hierfür ist allerdings, dass man in der eigenen Persönlichkeitsentwicklung so weit fortgeschritten ist, dass dabei keine Eifersuchtsgefühle aufkeimen. Auch ist es denkbar ungünstig, wie dies in heutigen Beziehungen häufig der Fall ist, mit dem Partner in Rivalität zu treten. In solchen Fällen ist es angezeigt, sich immer vor Augen zu führen:

Wir rivalisieren nicht miteinander, wer klüger, besser oder erfolgreicher ist, sondern wir bilden zusammen ein Team, dass sich in der Welt gut behaupten kann und von dem jedes Mitglied profitiert.

Bei Fehlen des Persönlichkeitsanteils Umsorgerin/Umsorger:

→ Der Partner fühlt sich in der Beziehung unsicher.
→ Der Partner hat keine »echtes« Zuhause.
→ Der Partner fühlt sich nicht wertgeschätzt und nicht wichtig.
→ Der Partner zeigt weniger Bereitschaft, die Bindung aufrechtzuerhalten.
→ Dem Partner fehlt der Gegenspieler zu seinem Part, den er einbringt.
→ Der Partner fühlt sich überfordert (er muss ja den Part des anderen zusätzlich übernehmen).
→ Es entsteht ein Ungleichgewicht zwischen Geben und Nehmen, das wieder anderweitig kompensiert werden muss.
→ Der Partner fühlt sich alleingelassen und reagiert mit Krankheit, Depression oder Sucht.
→ Der Partner merkt, wie seine Liebesgefühle immer mehr schwinden.

»Eine Substanz kann ohne Denken existieren,
aber das Denken nicht ohne Substanz.«

GOTTFRIED W. LEIBNIZ

5. Quelle des Glücks: Die geistigen Freuden

Die wichtigste Voraussetzung für geistige Freuden in einer
Beziehung ist die bei beiden Partnern ausreichend ausgebildete Kommunikationsfähigkeit. Die folgende Übersicht über
die Gründe der weit verbreiteten mangelnden Kommunikationsfähigkeit macht deutlich, warum es gar nicht so häufig vorkommt, dass zwei Menschen einfach gut miteinander
kommunizieren können.

Mögliche Ursachen für mangelnde Kommunikationsfähigkeit

Mangelnde Intelligenz	Mangelnde Bildung
Mangelnde Informationen	Übernahme der Eltern- oder Kindrolle
Mangelnde Neugier auf das Leben	Unwissenheit
Mangelnde Fähigkeit zum logischen Denken	Widerstände und Abwehr- haltungen, Intoleranz
Unfähigkeit zuzuhören	Gefühlschaos
Wahrnehmungstrübung	Illusionäre Verblendung
Fremdbestimmung	Größenwahn
Manipulation	Antihaltungen

Mangelnde analytische Fähigkeiten	Unfähigkeit, etwas aus der Vogelperspektive zu betrachten
Rechthaberei	Feindbilder
Vorstellungsgebundenheit	Mangelnder Realitätssinn
Paranoides Denken	Führungsanspruch (in der Gesprächsführung)
Interesselosigkeit	Detailversessenheit
Neutralität (keine Stellung beziehen)	Neigung zu Projektionen
Mangelndes Einfühlungsvermögen	Mangelnde Fantasie
Tendenz zum »Totreden« (ausuferndes Reden)	Autoritäts- oder Gurugläubigkeit
Mangelnde Fähigkeit, von seiner subjektiven Sicht abzuweichen	Mangelnde Selbstreflexion, mangelnde Struktur
Tendenz zu destruktiver Kritik	Dogmatismus

Wir sehen also, wie schwierig es ist, in einer Beziehung eine wirklichkeitsadäquate Kommunikation auf einer »erwachsenen« Ebene herzustellen. Dissonanzen können verursacht werden durch die Persönlichkeitsmerkmale des Senders (derjenige, der eine Botschaft per Wort oder Schrift sendet) und des Empfängers (derjenige, der eine Botschaft empfängt), d. h. durch Gefühle, subjektive Wahrnehmung, geistige Einstellungen, Weltanschauungen, Bewusstseinshaltungen, usw. Ferner können Kommunikationsschwierigkeiten entstehen durch die Art der Beziehung zwischen Sender und Empfänger, durch die Absicht, die der Sender verfolgt, durch die Kodierungsfähigkeit des Senders, durch das Medium, also den Kanal oder das gewählte Kommunikationsmittel, sowie durch die Dekodierungsfähigkeit des

Empfängers, d. h. durch dessen Fähigkeit, die Botschaft des Senders richtig zu interpretieren. Für eine gelingende Kommunikation ist es außerdem wichtig, dass jeder der beiden Partner über eigene Informationen verfügt und diese auch weitergeben will. Durch die Informationen des Partners erweitert sich der eigene Horizont. Auch auf diesem Gebiet gilt: Gemeinsam ist man stärker, denn zusammen verfügt man über mehr Informationen als als Einzelwesen.

Wer geistig lebendig ist, hat unendlich viele Interessen. Er will wissen, wie der menschliche Körper aufgebaut ist und wie er funktioniert (Medizin), welche Gesetzmäßigkeiten in der Psyche eine Rolle spielen (Psychologie), er will die Formen des menschlichen Zusammenlebens ergründen (Soziologie), von den Lebensvorgängen in der Natur (Biologie) und von den Beziehungen der Lebewesen zu ihrer Umwelt erfahren (Ökologie). Er befasst sich mit Pädagogik, mit Bauen und Wohnen, mit Literatur, mit Management und Erfolg, mit Schicksalskunde, mit Partner- und Beziehungsfähigkeit, mit Astronomie, mit den verschiedenen Weltanschauungen, mit Philosophien ... Dank seiner vielseitigen Interessen fällt ihm nie die »Decke auf den Kopf« und ihm ist nie mehr langweilig, denn er hat bis in alle Ewigkeit zu tun! Nehmen wir aus der Fülle der geistigen Interessensgebiete allein die Medizin heraus: Selbst wenn sich jemand fünfzig, sechzig, siebzig Jahre lang nur mit diesem Fach beschäftigte, wäre er in dieser Disziplin noch lange nicht perfekt. Es gibt immer wieder neue Lehrmeinungen, neue Forschungsergebnisse, neue Ideen, neue Therapien!

Und wie sieht es da in der Partnerschaft aus? Aufgrund des Wissens um die vier Arten des Unbewussten, um die sechs Bilder in der Psyche des Mannes und der Frau, die Bipolarität und um die damit verbundenen Glaubenshaltungen ist es leichter, sich mit dem Partner geistig auszutauschen, zumal dadurch die geistigen Trennwände abgebaut werden können, die eine gelingende Kommunikation sonst von vornherein verhindern.

Da in jedem Menschen ein unglaubliches geistiges Potenzial wohnt, kann jeder jeden Tag zu neuen Erkenntnissen kommen. Immer wieder hat jeder der beiden Partner neue Ideen, es wird ihm etwas bewusst oder er ist an neue Informationen herangekommen.

Am schönsten ist es, wenn man sich im Gespräch gegenseitig geistig befruchten kann. Wenn jeder Artikel liest, die ihn interessieren, Bücher, die ihn geistig bereichern, Weiterbildungsveranstaltungen besucht, die neue Einsichten bringen, und sich danach mit dem Partner austauscht. Der Partner nimmt dazu Stellung, übt konstruktive Kritik oder spinnt aufgrund seiner Gedankenwelt und Fantasie den Faden weiter. Es kommt zu einer gegenseitigen geistigen Befruchtung, die sehr viel Freude bereitet und die sie auch als Paar »zusammenschweißt«. Es werden die Autofahrten, die Abende, die Wochenenden interessanter. Es werden geistige Abenteuer erlebt, auf die man nie mehr verzichten möchte.

Besonders spannend werden die Gespräche, wenn man bei verschiedenen Themen konträrer Meinung ist. Nimmt man die Herausforderung an und kommuniziert mit dem Partner fair, kann man sich gerade dadurch der Wirklichkeit und der Wahrheit mehr nähern, als wenn man a priori überall geistig übereinstimmt.

Gut ist auch in diesem Zusammenhang, sich dabei Notizen zu machen und eventuell solche Themen auch vor Freunden zur Diskussion zu stellen. Auf diese Weise gelingt es, von einer Erzählkultur (z. B. wo man in Urlaub war und was es dort zu essen gab) zu einer Themenkultur überzugehen, die letztendlich die Teilnehmer geistig beflügelt und die viel mehr Spaß macht, als wenn nur einer die Freude hat, von seinen Erlebnissen erzählen zu dürfen, während die anderen sich langweilen und dabei zum Gähnen neigen.

Es hebt also die Stimmungslage in einer Beziehung enorm an, wenn man sich gegenseitig geistig bereichert. Doch wie verhält es sich, wenn Mann und Frau nicht füreinander Inspirationsquelle sein können? Wenn die Frau spezifisch bei ihrem Partner ihren Persönlichkeitsanteil Muse nicht entwickeln oder einsetzen kann, oder wenn der Mann nicht als geistiger Impulsgeber für seine Partnerin in Erscheinung tritt?

Bei Fehlen des Persönlichkeitsanteils Muse/geistiger Befruchter:

→ Man erlebt keine Freude im Gespräch, die Kommunikation ist schlecht oder spärlich.
→ Es entstehen keine geistigen Freuden und dadurch weniger Zusammengehörigkeitsgefühl.
→ Man empfindet Schmerz, weil keine geistige Übereinstimmung herrscht.
→ Es entwickeln sich keine geistige Lebendigkeit und kein geistiges Wachstum.
→ Es sind keine geistigen Entdeckungen und Abenteuer möglich.
→ Die Kommunikation mit dem Partner bedeutet Lebenszeitverlust und Selbstverleugnung.
→ Es findet keine Horizonterweiterung statt.
→ Es gibt keine Bewusstwerdungsprozesse innerhalb der Partnerschaft.
→ Gemeinsam sind keine neuen Erkenntnisse möglich.
→ Das Zusammensein wird ab einem bestimmen Punkt langweilig.

»Die Freude ist überall.
Es gilt nur, sie zu entdecken.«
KONFUZIUS

Die 15 Freuden

Selbst, wenn es mit dem Partner nur möglich ist, zwei der fünf Freuden zu leben, bedeutet dies eine enorme Steigerung der Lebensqualität.

Man kann sich vorstellen, wie aufbauend und stärkend es erst sein muss, wenn sogar drei, vier oder gar alle 5 Glücksquellen zur Verfügung stehen.

Außerdem gilt es sich vor Augen zu führen, das jede Freude sich auch auf andere Anlagen und Persönlichkeitsanteile auswirkt. Jede Anlage steht mit anderen Anlagen in steter Wechselwirkung! Kuscheln und Zärtlichkeit beeinflusst positiv die Erotik, die Sexualität und das gegenseitige Umsorgen – die Erotik fördert den Drang, Zärtlichkeit zu schenken, die Lust zur sexuellen Vereinigung und das Bedürfnis, den Partner zu umsorgen und zu beschenken.

Oder: Die geistigen Freuden befruchten alle anderen Persönlichkeitsanteile, lassen mehr Experimente und mehr Abwechslung zu.

Interessant ist auch in diesem Zusammenhang, dass in jeder Beziehung eine andere Gewichtung erfolgt. Das eine Paar legt das Schwergewicht mehr auf Kuscheln und Umsorgen, ein anderes mehr auf Erotik und Sex, ein drittes mehr auf Kuscheln und Geist. Doch die Möglichkeit, das Repertoire so zu erweitern, dass alle fünf Freuden möglich sind, ist immer gegeben.

Auf diese Weise ist es im Grunde ganz einfach, die rundum erfüllende Beziehung zu führen, die man sich verdient, wenn beide Partner an sich selbst und an ihrem gemeinsamen Glück arbeiten.

Wir haben im Kapitel über die Bipolarität allen Seins gesehen, dass beide Pole zusammen eine Ganzheit darstellen.

Auch das Weibliche (Minuspol) und das Männliche (Pluspol) ergeben zusammen eine Ganzheit. Es geht also nichts ohne Frauen, und es geht nichts ohne Männer! Ein Pol allein kann nichts bewirken, nur beide Pole zusammen ergeben – ähnlich wie bei der Elektrizität – Energie. Es kommt etwas dabei heraus, es entsteht etwas, was man alleine nicht zustande gebracht hätte. Etwas, was mehr ist als die reine Addition der beiden Pole.

Jeder hat Freude, selbst die fünf Anlagen bzw. Persönlichkeitsanteile zu leben und er hat Freude an dem Ausdruck der Anlagen des Partners und zudem Freude an den jeweiligen Produkten, die durch den Austausch mit dem Partner entstehen – gemeinsame Intimität, erotische Stimmung, leidenschaftliche Nächte, Umsorgtsein und geistige Erkenntnisse.

Zusammengenommen ergibt das 3 x 5 = 15 Freuden. Diese 15 Freuden tragen zur Gesundheit bei und festigen jede Partnerschaft.

»Wer allen Reichtum in sich weiß,
ihn aus sich selbst lebendig macht,
der findet Fülle, wo er steht
und Paradiese, wo er geht.«

UNBEKANNT

Das persönliche Paradies und das Paradies zu zweit sind möglich

Seit jeher haben Menschen den Wunsch, ins Paradies zurückzukehren. Doch wir können nicht wieder zum Ursprung regredieren – weder in eine unberührte paradiesische Natur noch in die Wärme und Rundumversorgung im Mutterleib.

Es ist also kein Zurück möglich, aber ein Vorwärts zum Paradies! Und ob das gelingt, liegt in unserer eigenen Kraft! Es gilt, sich bewusst zu werden, wie das eigene Paradies (das sich von anderen Menschen unterscheidet) aussieht und wie man es verwirklichen kann.

Jedem Mann und jeder Frau steht – wie es deren wahre Natur vorsieht – ein paradiesisches Leben zu, sofern sie bereit sind, ihre Anlagen zu investieren. Zu den genannten 5 bzw. 15 Freuden kommen noch einige Freuden hinzu, die für ein schönes, angenehmes Leben von Bedeutung sind:

- Freude an den eigenen Kindern
- Berufliche Erfüllung (Beruf aus Berufung)
- Gutes Essen
- Fitness, Sport, Körperpflege

- Wohlleben
- Das Wohnen in einem schönen Zuhause
- Ein schöner Garten
- Freiheit und Unabhängigkeit trotz fester Beziehung
- Freunde, die der eigenen Identität gemäß sind
- Abwechslung
- Erneuerungen
- Kreativität
- Erholsame und typgerechte Freizeit- und Urlaubsgestaltung

Da die Mitmenschen nicht ahnen und wissen, was der Einzelne braucht, muss er sich alles selbst nehmen, er muss es einfordern, er muss es selbst (er)schaffen und er muss es sich im Leben so einrichten, dass es für ihn passt. Er selbst muss dafür Sorge tragen, dass es ihm gut geht, dass alle seine wirklichen Bedürfnisse und Wünsche erfüllt werden.

Er kann nicht darauf warten bis das Schicksal ihm alles zufällig liefert. Viele haben die Glaubenshaltung, dass nur das Zufällige von Wert sei und erleben bei dem, was sie einfordern oder erst selbst schaffen müssen, weniger Freude. Das gilt in ihren Augen nicht als »Glück«. Daher warten die meisten Menschen noch immer – wie Eric Berne es ausdrückt – auf den Weihnachtsmann.

Sie ahnen dabei nicht, dass gerade durch das bloße Warten oder durch das Verweilen auf einem Nebenfeld des Seins ein negatives Schicksal angezogen wird, also gerade das Gegenteil dessen, was sie erwartet haben. Ein Sprichwort sagt: »Von nichts kommt nichts.« Es ist aber sogar noch schlimmer: Von nichts kommen meist nur Unglück und Pech! Das Schicksal serviert die Energie, die verdrängt wurde. Jeder Nicht-Einsatz eines Talents, einer Energie kehrt wie ein Bumerang zurück! Warten ist daher mit verschiedenen Schicksalsvarianten verbunden:

- Ein Job, der einen nicht erfüllt.
- Man hat keine Freunde und fühlt sich einsam.
- Man lebt in einer Wohnung, in der man sich nicht wirklich zu Hause fühlt.
- Man hat einen Partner, mit dem viele Probleme und Konflikte verbunden sind.
- Man bekommt eine Krankheit, die die Lebensfreude beeinträchtigt.

Was ist also zu tun, wenn man sich aus der Warteposition ausklinken möchte und sein persönliches Paradies verwirklichen will? Man muss selbst die Initiative ergreifen und für sich alles passend machen. Man muss sein Leben aus verschiedenen Mosaiksteinchen selbst zusammensetzen, damit ein gutes Schicksal erwirkt wird. Wie das gehen kann, soll anhand einiger einfacher Beispiele gezeigt werden:

Wenn ich im Sport siegen will, nehme ich Trainerstunden.

Ich sorge dafür, dass ich immer ein leckeres, gesundes Essen habe.

Ich bedinge mir einen freien Aktionsradius aus.
Ich lege mir technische Geräte zu, die mir Freude bereiten.

Ich sorge dafür, dass ich Streicheleinheiten und Umarmungen bekomme.

Ich manage und organisiere mein Leben selbst.
Ich sorge dafür, dass meine sexuellen Bedürfnisse gestillt werden.

Ich sorge für materielle, körperliche, seelische und geistige Sauberkeit.
Ich zeige meine Gefühle.

Ich sorge dafür, dass meine erotischen Bedürfnisse gestillt werden.
Ich schaffe Schönheit in meinem Umfeld, in meiner Kleidung, in meiner Wohnung, in meinem Garten etc.

Ich habe meine alten übernommenen Glaubenshaltungen in wirklichkeitsadäquate Glaubenshaltungen verwandelt.

Ich habe ein eigenes Lebensprogramm und einen eigenen Weg.

Ich lese Bücher und besuche Weiterbildungsveranstaltungen.
Ich bin gebildet und habe viele geistige Freuden.
Ich reise in Länder, deren Kultur und Lebensstil mich interessieren.

Ich sorge für die Verwirklichung von eigenen Zielen.
Ich richte mein Leben nicht mehr nach herkömmlicher Moral und Konvention, sondern nach den ethischen Prinzipien des Lebens.

Ich lasse meine Ideen zu und sorge selbst für Veränderung und Abwechslung in meinem Leben.
Ich genieße meine Freizeit und habe gute Freunde.

Ich lege meine Sucht ab und finde dafür eine Alternative.
Ich verwirkliche all meine Wünsche und Träume.

Man sucht sich aus der Fülle dieser und anderer Freuden wie in einem Warenhaus diejenigen aus, die einem gemäß sind und lebt dann buchstäblich ein freudvolles Leben. Voltaire drückt dies so aus: »Das Paradies ist da, wo ich bin.«

Zwei Menschen, von denen jeder die Kunst beherrscht, das Paradies für sich selbst zu schaffen, können zu ihrem Partner sagen: »Komm, machen wir es uns schön!«

Sie sind imstande, das zu verwirklichen, was für viele nur ein Traum ist: das Paradies zu zweit!

Anhang

Begriffserklärungen

Überich:
Der Maßstab von Gut und Böse ist identisch mit dem erlernten Gewissen bzw. mit dem Überich. Das Überich ist eine durch Kindheitseindrücke, Erziehungseinflüsse und sonstige Umwelteinflüsse erworbene psychische Instanz. Es entsteht durch Introjizieren von Normen, Vorschriften, Geboten und Verboten der Umwelt in die seelische Welt. Dabei spielt es keine Rolle, ob die entsprechenden Normen oder Tabus ausgesprochen werden oder unausgesprochen bleiben. Dieses ins Innere aufgenommene Kontrollsystem, das dem Individuum von seinen Eltern und anderen erwachsenen Autoritätspersonen eingepflanzt wurde, verlangt Gehorsam.

Kollektivneurose (2. Natur):
Die dem Menschen »aufgepfropfte« Natur. Das Wesen der Kollektivneurose besteht darin, dass die menschlichen Anlagen und Fähigkeiten in ihrer Entwicklung durch Normen gehemmt werden. Aufgrund dieser Blockierung kommt es zu den sogenannten Abwehr- und Anpassungsmechanismen, die summa summarum die 2. Natur bilden. In der Welt der Kollektivneurose strebt man nicht mehr danach, seine Anlagen und Fähigkeiten zu entwickeln, sondern nur noch nach Ersatz (Surrogatkultur).

Wahre Natur (1. Natur):
Die unter dem künstlichen Überbau der 2. Natur verborgene wirkliche Natur des Menschen. Durch die Entfaltung seiner von der Natur angelegten Talente und Fähigkeiten bringt

man seine Energien in freien Fluss und betreibt dadurch aktive Schicksalsprophylaxe.

Übersicht: Reaktive Gefühle (Ersatzgefühle)

Die folgende Tabelle soll aufzeigen, wofür reaktive Gefühle stehen. Unter reaktiven Gefühlen werden Ersatzgefühle verstanden. Das bedeutet, sie stehen stellvertretend für echte Gefühle, Bedürfnisse und Energien, die aus den verschiedensten Gründen nicht gelebt werden oder gelebt werden können.

Dieses Gefühl ...	dient/dienen als Ersatz für ...
Ärger, Aggression	Initiative, Wagemut, Aktivität, Sport, Durchsetzung, Selbstbehauptung
Neid	Entwicklung von wirtschaftlichen Fähigkeiten, Besuch von Erfolgsseminaren, Entwicklung von mehr Lebensgenuss, konsequentes Verfolgen der eigenen Ziele.
Beengungsgefühle	Inanspruchnahme eines eigenen (freien) Aktionsradius, Entwicklung von rhetorischen Fähigkeiten, um sich freier darstellen und schwierige Situationen besser meistern zu können.
Depression	Ausbildung einer seelischen Eigenart, Entwicklung von mehr Mut zur eigenen Identität, Befreiung von Fremdbestimmung, Infragestellen von alten Normen und Idealen sowie von Moral und Konvention.
Hass	Liebe, Sexualität und Leidenschaft erleben, unternehmerische Fähigkeiten entwickeln, ein eigenes Geschäft oder eine eigene Firma aufbauen, selbstständig werden, Ausbildung von Managementfähigkeiten, Entwicklung der eigenen Kreativität.
Frustration	Selbstanalyse und Analyse der Rahmenbedingungen, um zu erkennen, wo im eigenen Leben etwas verändert werden muss.

Dieses Gefühl ...	dient/dienen als Ersatz für ...
Gefühle von Unstimmigkeit	Inhalt und Form in Einklang bringen, sich selbst ausgleichen, d. h. in Harmonie bringen, dem eigenen Geschmack Ausdruck verleihen, es sich selbst schön und angenehm machen.
Ohnmachtsgefühle	Entwicklung eines eigenen Konzepts, Realisation von eigenen Vorstellungen und Plänen, den eigenen Weg gehen.
Sinnlosigkeit	Weiterbildung, Bücher lesen, Besuch von Vorträgen und Seminaren, finden des eigenen Lebenssinns.
Schuldgefühle	Auflösung der bisherigen Normen und Ideale, Entwurf eines eigenen Gesetzeskodex, Bewusstwerdung der eigenen Lebens- und Menschenrechte, Entwicklung der Fähigkeit, sein eigener Richter zu sein.
Nervosität	Entwicklung der Fähigkeit, sich unabhängig zu machen und sich zu befreien, Herausfinden, wie man verschiedene Belastungen schrittweise abbauen und für mehr Freizeit und Entspannung sorgen kann.
Angstgefühle	Entwicklung der Fähigkeit, Hintergründe aufzudecken, Einholen von mehr Informationen, Entfaltung der eigenen Fantasie im konstruktiven Sinne, Erkennen und Verwirklichen von Alternativen jenseits von Konvention und Moral.

Bedürfnistabelle:
Die 144 Bedürfnisse des Menschen

Man frage sich: Welche dieser realen Bedürfnisse sind bisher von mir gestillt und welche nicht gestillt worden?
Dies ist eine gute Möglichkeit für Sie, herauszufinden, wo Sie stehen. (Es handelt sich hier um einen Bedürfniskatalog, den Sie als Anregung zur Selbstreflexion nutzen können.)

	gestillt	teilweise gestillt	nicht gestillt
Bedürfnis nach Durchsetzung und Selbstbehauptung	☐	☐	☐
Bedürfnis, egoistisch zu sein	☐	☐	☐
Bedürfnis, Mut und Zivilcourage zu zeigen	☐	☐	☐
Bedürfnis, zu rivalisieren und zu siegen	☐	☐	☐
Bedürfnis zu führen (die Führung zu übernehmen)	☐	☐	☐
Bedürfnis, sich sportlich zu betätigen	☐	☐	☐
Bedürfnis zu akquirieren	☐	☐	☐
Bedürfnis, den Anfang zu machen	☐	☐	☐
Bedürfnis, die eigenen Triebe zu leben	☐	☐	☐
Bedürfnis, eine Pionierarbeit durchzuführen	☐	☐	☐
Bedürfnis, ein Pilotprojekt zu starten	☐	☐	☐
Bedürfnis, zur Tat zu schreiten	☐	☐	☐
Bedürfnis nach einem eigenen Revier	☐	☐	☐
Bedürfnis nach einem eigenen Zimmer	☐	☐	☐

	gestillt	teilweise gestillt	nicht gestillt
Bedürfnis nach Abgrenzung	☐	☐	☐
Bedürfnis, seinen Platz zu finden und zu halten	☐	☐	☐
Bedürfnis, etwas wert zu sein	☐	☐	☐
Bedürfnis nach eigener Wertschätzung	☐	☐	☐
Bedürfnis, das Leben zu genießen	☐	☐	☐
Bedürfnis nach gutem, qualitativ hochwertigem Essen	☐	☐	☐
Bedürfnis nach einem eigenen Lebensstil	☐	☐	☐
Bedürfnis, Vorrat anzusammeln	☐	☐	☐
Bedürfnis, sich abzusichern (Bedürfnis nach Sicherheit)	☐	☐	☐
Bedürfnis, sich politisch zu betätigen	☐	☐	☐
Bedürfnis, sich darzustellen	☐	☐	☐
Bedürfnis nach Bewegung	☐	☐	☐
Bedürfnis unterwegs zu sein (i. S. v. kleinen Reisen)	☐	☐	☐
Bedürfnis zu sprechen	☐	☐	☐
Bedürfnis zu schreiben	☐	☐	☐
Bedürfnis, Informationen aufzunehmen und abzugeben	☐	☐	☐
Bedürfnis nach einem eigenen freien Aktionsradius	☐	☐	☐
Bedürfnis, im Internet zu surfen	☐	☐	☐
Bedürfnis, auf dem neuesten Stand der Technik zu sein	☐	☐	☐
Bedürfnis, überall mobil erreichbar zu sein	☐	☐	☐

	gestillt	teilweise gestillt	nicht gestillt
Bedürfnis, Neues zu lernen	☐	☐	☐
Bedürfnis, handwerklich bzw. mit den Händen zu arbeiten	☐	☐	☐
Bedürfnis, angenommen und akzeptiert zu werden	☐	☐	☐
Bedürfnis nach Hautkontakt und Kuscheln	☐	☐	☐
Bedürfnis nach einem eigenen Heim	☐	☐	☐
Bedürfnis nach Heimat	☐	☐	☐
Bedürfnis nach Privatsphäre	☐	☐	☐
Bedürfnis nach seelischer Wärme	☐	☐	☐
Bedürfnis nach Zärtlichkeit	☐	☐	☐
Bedürfnis nach Geborgenheit	☐	☐	☐
Bedürfnis, zu umsorgen und umsorgt zu werden	☐	☐	☐
Bedürfnis, eine Familie zu haben	☐	☐	☐
Bedürfnis nach Oralsex	☐	☐	☐
Bedürfnis, Natur zu erleben	☐	☐	☐
Bedürfnis nach Sexualität	☐	☐	☐
Bedürfnis nach eigenen Kindern	☐	☐	☐
Bedürfnis nach Selbstständigkeit	☐	☐	☐
Bedürfnis, ein eigenes Geschäft oder eine eigene Firma zu gründen	☐	☐	☐
Bedürfnis, etwas zu unternehmen	☐	☐	☐
Bedürfnis zu spielen	☐	☐	☐
Bedürfnis, das eigene Leben zu managen	☐	☐	☐

	gestillt	teilweise gestillt	nicht gestillt
Bedürfnis zu handeln	☐	☐	☐
Bedürfnis, im Mittelpunkt zu stehen und zu glänzen	☐	☐	☐
Bedürfnis nach Vergnügen und Spaß	☐	☐	☐
Bedürfnis zu organisieren	☐	☐	☐
Bedürfnis zu delegieren	☐	☐	☐
Bedürfnis, sich zu reinigen	☐	☐	☐
Bedürfnis nach Sauberkeit im eigenen Umfeld	☐	☐	☐
Bedürfnis, die eigenen Gefühle zu zeigen	☐	☐	☐
Bedürfnis zu kritisieren	☐	☐	☐
Bedürfnis zu analysieren	☐	☐	☐
Bedürfnis, zu unterscheiden, zu differenzieren und ins Detail zu gehen	☐	☐	☐
Bedürfnis, mit seinen Energien und Ressourcen hauszuhalten	☐	☐	☐
Bedürfnis, sich anzupassen	☐	☐	☐
Bedürfnis nach einer Arbeit, die dem eigenen Wesen gemäß ist	☐	☐	☐
Bedürfnis, sich gegenüber Umweltbedingungen auszusteuern	☐	☐	☐
Bedürfnis, sich mit den Themen Gesundheit und Krankheit zu beschäftigen	☐	☐	☐
Bedürfnis nach Wiederverwertung (Recycling)	☐	☐	☐
Bedürfnis nach Harmonie und Frieden	☐	☐	☐
Bedürfnis nach Schönheit und Ästhetik	☐	☐	☐

	gestillt	teilweise gestillt	nicht gestillt
Bedürfnis nach Erotik	☐	☐	☐
Bedürfnis, begehrt zu sein	☐	☐	☐
Bedürfnis, das Optimale aus seinem Schönheitstyp herauszuholen	☐	☐	☐
Bedürfnis, für seine Sache zu werben	☐	☐	☐
Bedürfnis, Vorteile zu erringen	☐	☐	☐
Bedürfnis, dem eigenen Geschmack Ausdruck zu verleihen	☐	☐	☐
Bedürfnis nach Begegnung und Partnerschaft	☐	☐	☐
Bedürfnis, unter verschiedenen Möglichkeiten, Menschen und Waren wählen zu können	☐	☐	☐
Bedürfnis, Inhalt und Form in Einklang zu bringen	☐	☐	☐
Bedürfnis, strategisch und taktisch (diplomatisch) vorzugehen	☐	☐	☐
Bedürfnis, Wissen anzusammeln	☐	☐	☐
Bedürfnis nach Macht	☐	☐	☐
Bedürfnis nach Selbstbestimmung	☐	☐	☐
Bedürfnis nach einem eigenen Weg	☐	☐	☐
Bedürfnis, sich zu binden bzw. nach einer festen Partnerbeziehung	☐	☐	☐
Bedürfnis, die eigenen Sexualfantasien zu verwirklichen	☐	☐	☐
Bedürfnis, Konzepte zu erstellen	☐	☐	☐
Bedürfnis, sich eine eigene Meinung zu bilden	☐	☐	☐

	gestillt	teilweise gestillt	nicht gestillt
Bedürfnis zu planen	☐	☐	☐
Bedürfnis, eigene Vorstellungen zu entwickeln	☐	☐	☐
Bedürfnis nach einem eigenen geistigen Besitz	☐	☐	☐
Bedürfnis nach Transformation	☐	☐	☐
Bedürfnis zu missionieren	☐	☐	☐
Bedürfnis zu reisen	☐	☐	☐
Bedürfnis, andere Kulturen zu erkunden	☐	☐	☐
Bedürfnis nach einer eigenen Weltanschauung	☐	☐	☐
Bedürfnis nach einer eigenen Lebensphilosophie	☐	☐	☐
Bedürfnis zu expandieren	☐	☐	☐
Bedürfnis, die eigene Partnerbeziehung zu verbessern	☐	☐	☐
Bedürfnis nach einem Auslandsaufenthalt	☐	☐	☐
Bedürfnis, zu fördern und gefördert zu werden (Glück zu erfahren)	☐	☐	☐
Bedürfnis, sich weiterzubilden	☐	☐	☐
Bedürfnis nach eigenem Sinn	☐	☐	☐
Bedürfnis, das Schöngeistige zu erleben (Opern, Konzerte, Vernissagen)	☐	☐	☐
Bedürfnis, Karriere zu machen (in der Hierarchie aufzusteigen)	☐	☐	☐
Bedürfnis, anerkannt zu werden, wichtig und bedeutend zu sein	☐	☐	☐

	gestillt	teilweise gestillt	nicht gestillt
Bedürfnis, sich auf etwas konzentrieren zu können	☐	☐	☐
Bedürfnis, eigene Ziele zu verwirklichen und Verantwortung zu übernehmen	☐	☐	☐
Bedürfnis, seine Zeit einteilen zu können (nach eigener Zeitstrukturierung)	☐	☐	☐
Bedürfnis nach Pünktlichkeit	☐	☐	☐
Bedürfnis nach Zuverlässigkeit	☐	☐	☐
Bedürfnis, die eigene Berufung zu entdecken und zu leben	☐	☐	☐
Bedürfnis, nach der Ethik des Lebens zu leben	☐	☐	☐
Bedürfnis, die eigenen Rechte zu entdecken und zu verwirklichen	☐	☐	☐
Bedürfnis, Recht zu bekommen	☐	☐	☐
Bedürfnis nach Ordnung, nach Regeln und nach Kontrolle	☐	☐	☐
Bedürfnis nach Freiheit	☐	☐	☐
Bedürfnis nach Distanz	☐	☐	☐
Bedürfnis nach Unabhängigkeit	☐	☐	☐
Bedürfnis nach Abwechslung	☐	☐	☐
Bedürfnis, etwas Neues zu erleben	☐	☐	☐
Bedürfnis, Sonderangebote wahrzunehmen (Schnäppchenjäger)	☐	☐	☐
Bedürfnis nach Abenteuer	☐	☐	☐
Bedürfnis nach Freizeit	☐	☐	☐
Bedürfnis, Freundschaften zu schließen und zu pflegen	☐	☐	☐

	gestillt	teilweise gestillt	nicht gestillt
Bedürfnis, sich aus der Masse hervorzuheben, etwas Besonderes zu sein	☐	☐	☐
Bedürfnis, etwas zu reformieren und zu erneuern	☐	☐	☐
Bedürfnis, für sich eine Ausnahme zu konstruieren	☐	☐	☐
Bedürfnis nach Ruhe	☐	☐	☐
Bedürfnis, sozial tätig zu werden bzw. zu helfen	☐	☐	☐
Bedürfnis, Hintergründe aufzuspüren	☐	☐	☐
Bedürfnis, das Unbewusste zu erforschen	☐	☐	☐
Bedürfnis, Alternativen zu finden	☐	☐	☐
Bedürfnis, Heimlichkeiten zu haben	☐	☐	☐
Bedürfnis, Schein und Lüge zu entlarven	☐	☐	☐
Bedürfnis, spirituelle Erfahrungen zu machen	☐	☐	☐
Bedürfnis, sich über das Jenseits zu informieren	☐	☐	☐
Bedürfnis, die Welt jenseits von Gut und Böse zu erfassen	☐	☐	☐
Bedürfnis, sein Bewusstsein zu erweitern	☐	☐	☐
Bedürfnis, der eigenen Fantasie Ausdruck zu verleihen	☐	☐	☐

Die zehn Gesetze des Schicksals

1. Das Gesetz der Entwicklung

Ostanes hat die Entwicklungsphasen des Menschen und der Menschheit wunderbar zum Ausdruck gebracht:

> »Die Natur erfreut sich der Natur.
> Die Natur besiegt die Natur.
> Die Natur beherrscht die Natur.«

Wie in der Natur sind auch in jedem individuellen menschlichen Leben verschiedene Entwicklungsphasen zu beobachten. Das wird deutlich, wenn man zum Beispiel ein Buch, das man vor vielleicht zehn oder 20 Jahren schon einmal gelesen hat, erneut liest, und dann feststellt, dass man heute eine andere Gewichtung vornehmen würde als damals. Sofern man bei der ersten Lektüre Randnotizen gemacht oder Passagen durch Unterstreichungen hervorgehoben hat, kann man die eigene Bewusstseinsentwicklung, den Hinzugewinn an Erfahrungen an diesen Stellen nachvollziehen. Was einem damals als wichtig erschien, betrachtet man heute möglicherweise als unerheblich, stattdessen hält man nun andere Stellen für bedeutsam. Die Differenz in der Auffassung und Urteilskraft spiegelt die eigene Bewusstseinsentwicklung wider. Dieses Modell der Bewusstseinsentwicklung gilt über die Lektüre des Buches hinaus generell für jede Erkenntnis und jedes Urteil, sei es in Bezug auf die Vorstellung von Lebensqualität, Glück, Liebe oder von Gott.

2. Das Gesetz von Ursache und Wirkung

Anstatt die Verantwortung für das eigene Denken, Fühlen und Tun zu übernehmen, hängen viele Menschen bestimmten Vorstellungen über Zufälle, Glück oder auch karmische Verstrickungen an. Sie erkennen damit nicht, dass das Gesetz von »actio« und »reactio« immer und überall wirkt. So können z. B. die Körperhaltung, Kleidung, Art des Sprechens, Statussymbole oder Gefühle spezifische Reaktionen im eigenen Umfeld auslösen. Die Reaktionen der anderen erscheinen den meisten als von ihnen unabhängige Aktionen, oder anders ausgedrückt, als Einwirkungen der anderen, die ohne ihr Zutun auf sie zukommen, was nur allzu oft als ungerechtes Schicksal erfahren und empfunden wird. Wer die Reaktionen und Wirkungen der Umwelt auf sich selbst nicht versteht, ist wie ein Blatt im Wind, sein Schicksal liegt für ihn im Nebel.

3. Das Gesetz des Ausgleichs

Gleichgewicht assoziiert man oft mit einer Waage, deren zwei Schalen ausgeglichen sind. In dem Maße, in dem die eine Schale sinkt, steigt die andere auf, so entsteht ein Ungleichgewicht. Hier vereinigen sich Harmonie und Gleichgewicht im Auf und Ab ebenso wie im Ruhestand der beiden Waagschalen. Das symbolisiert absolutes Gleichgewicht in der Bewegung wie in der Ruhe. Als Symbol zeigt sich die Waage sehr lehrreich, wenn es um das Verstehen des Sinns von Polarität geht. In der Polarität kommt nämlich zum Ausdruck, dass die beiden Pole zusammengehören. Die Bewegungen der Schalen nach oben und unten sind eins, denn die eine entsteht durch die andere und umgekehrt. Das Oben ist nicht möglich ohne das Unten. Das gilt für jede denkbare Polarität in gleicher Weise.

4. Das Gesetz der Wiederkehr des Verdrängten

Eng gekoppelt mit dem Gesetz des Ausgleichs ist das Gesetz der Wiederkehr des Verdrängten. Durch Verdrängung werden Inhalte nicht einfach aus unserem Seelenleben gelöscht, sondern ruhen dort latent und kehren eines Tages wieder. Sie werden unbewusst auf andere Personen sowie auf materielle Gegenstände, die das verdrängte Potenzial symbolisieren, projiziert. Dabei ist relevant, dass im Gegensatz zur Freud'schen Psychoanalyse nicht nur primär sexuelle Energien ins Unbewusste verdrängt werden, sondern dass alle menschlichen Anlagen, Energien und Fähigkeiten, die es zu entwickeln gilt, einem Verdrängungsprozess anheimfallen können.

Ferner ist es wichtig zu sehen, dass jede Energie durch den Akt der Verdrängung pervertiert wird. Die Energie erscheint daher nicht mehr im ursprünglichen Kleid, sondern meist in einer verzerrten, häufig unkenntlichen Form. Insofern ist es für den Einzelnen nicht leicht zu erkennen, dass das eigene Verdrängte ihn ereilt hat, dass das, was ihm so große Schmerzen bereitet, nichts anderes ist als ein nicht gelebter Persönlichkeitsanteil bzw. eine nicht gelebte Anlage oder Fähigkeit, die er dann via Schicksal passiv erleiden muss.

Wenn z. B. ein Mann seine Durchsetzungsenergie verdrängt, entsteht durch diesen Akt Aggression. Diese pervertierte Durchsetzungsenergie wird nun unbewusst projiziert, und er muss sich ständig mit einer aggressiven Partnerin auseinandersetzen. Auf diese Weise erfährt er seine eigene Durchsetzungsenergie in der Erleidensform. Ein Mann, der durchsetzungsstark ist und daher eher mit einer solchen Frau zurechtkommen könnte, wird mit einer solchen Situation gar nicht erst konfrontiert.

5. Das Gesetz der Affinität

Das Gesetz der Affinität besagt, dass eine Verwandtschaft, eine Entsprechung besteht zwischen der Innenwelt und der Außenwelt, dass das, was uns außen begegnet, auch in uns wohnt, dass die äußeren Symbole, die uns umgeben, Widerspiegelungen unseres Innenlebens sind. Oder anders ausgedrückt: Alles, was in uns wohnt, was unsere Seele beherbergt, wird gleichsam auf den Bildschirm des Raumes projiziert und erscheint dort in Form von anderen Menschen, Symbolen und Ereignissen. Wir sind überall von uns selbst umgeben. Insofern kann der Einzelne sich selbst über seine unbewussten und bewussten äußeren Projektionen erkennen. Die äußeren Projektionen machen deutlich, wie es in dem Betreffenden aussieht. Daher ist nicht das entscheidend, was jemand sagt, sondern wie es in seinem Leben aussieht.

6. Das Gesetz der Anziehung

Das Unbewusste macht nicht nur krank oder gesund, sondern wirkt auch in der Außenwelt. Es zieht das im Außen an, was der Innenwelt entspricht, womit eine Affinität besteht (Gesetz der Affinität), zieht zu einem Defizit den entsprechenden Gegenpol an (Gesetz des Ausgleichs) oder lässt das Verdrängte wiederkehren (Gesetz der Wiederkehr des Verdrängten).

Doch was sind die weiteren Faktoren, die diesen Anziehungsmechanismus beeinflussen und die Frequenz der Anziehung bestimmen?

Neben der pränatalen Seelenprägung, dem Milieu, in dem man aufwuchs, der Schulbildung, die man genossen hat, sowie der Geschwisterposition in der Herkunftsfamilie sind dies insbesondere die biografische Situation, in der man sich befindet, und der Wiederholungszwang, bei dem bestimmte Verhaltensmuster immer wieder auf dieselbe Art und Weise eingesetzt werden.

7. Das Gesetz der Bestätigung

Jeder Mensch möchte gerne das Gefühl haben, dass sein Lebensweg richtig ist, dass das, was er fühlt und denkt, in Ordnung ist, dass es okay ist, wie er sich verhält und wie er handelt. Jeder sucht daher unbewusst in seinem Umfeld nach Bestätigung. Das Gesetz der Bestätigung besagt, dass jeder Glaube, jede Geisteshaltung, jede Einstellung, jede Meinung, jedes Vorurteil, jedes Gefühl, jeder Maßstab, jede Norm, jedes Ideal und jede Hypothese oder wissenschaftliche Theorie sich immer wieder selbst bestätigt.

8. Das Gesetz der positiven und negativen Verstärkung

Das Gesetz der positiven und negativen Verstärkung hängt eng mit dem Gesetz der Bestätigung zusammen. Jede Bestätigung einer Einstellung oder eines Verhaltens ist zugleich auch mit einer Verstärkung verbunden. Wer eine Anlage oder Fähigkeit ausgebildet hat, wird vom Schicksal positiv verstärkt. Ist die Anlage jedoch nicht entwickelt oder ist sie nur in pervertierter Form vorhanden, besteht die Tendenz, dass sie negativ verstärkt wird.

9. Das Gesetz des Denkens und Glaubens

Zunächst einmal vorweg: Das Gesetz des Denkens und Glaubens wirkt vielfach nicht so, wie üblicherweise angenommen wird. Die Negativdenker und Schwarzseher ziehen nicht automatisch das Negative an und die Positivdenker und Optimisten nicht das Positive. Da die Wirklichkeit des Lebens anders ist, muss zwangsläufig auch das Unbewusste anders funktionieren. Es geht nicht darum, das Unbewusste vom Bewusstsein aus zu programmieren – ein Widerspruch in sich –, sondern die Programme des Unbewussten aufzudecken und ggf. so zu verändern, dass ein günstiges Schicksal erwirkt wird.

10.Das Gesetz von Inhalt und Form

Das Gesetz von Inhalt und Form besagt, dass seelische und geistige Inhalte auch im Äußeren in eine entsprechende Form gebracht werden müssen, um ein angenehmes Schicksal zu erwirken. Ist jemand zum Beispiel geistig progressiv eingestellt, dann wäre es günstig für ihn, diese innere Progressivität auch äußerlich auszudrücken – etwa in Form von entsprechender Kleidung, Inneneinrichtung oder Gartengestaltung. Zeigt sich der Betreffende seiner Umwelt stattdessen in konservativ anmutenden Formen, besteht eine Diskrepanz zwischen Inhalt und Form, die negative Schicksalsfolgen nach sich zieht, weil er die wirklich zu ihm passenden Partner und Freunde nicht anziehen kann. Die Mitmenschen schätzen ihn falsch ein. Er wirkt nicht authentisch. Dadurch kommt es zu einer Verzerrung der Wirklichkeit, zu Fehlinterpretationen und falschen Reaktionsweisen.

Bibliografie

Alfred Adler: Über den nervösen Charakter, München, 1974

Eric Berne: Was sagen Sie, nachdem Sie »Guten Tag« gesagt haben, Frankfurt, 1983

Doris Bischof-Köhler: Von Natur aus anders, Stuttgart, 2011

Angelika Förster: Glückstankstellen, München, 2013

Sigmund Freud, Totem und Tabu, München, 1972

C. G. Jung: Gesammelte Werke, München, 1972

Otto Mainzer: Die sexuelle Zwangswirtschaft, München,1981

Hermann Meyer: Die eigene Identität, München, 2000

Hermann Meyer: Die Gesetze des Schicksals, München, 2008

Hermann Meyer: Der Jackpot des Lebens, München, 2009

Hermann Meyer: Das Drehbuch des Lebens, München, 2010

Anne Moir, David Jessel: Brain Sex, Düsseldorf, 1993

Pressetext: Studie der Université Betragne-Sud, 2014

René A. Spitz, W. Godfrey Cobliner: Vom Säugling zum Kleinkind, Stuttgart, 1980

Claude Steiner: Eine Schmusegeschichte. In: Heinz Körner, Lucy Körner, Heiko Bierhoff: Alle Farben dieser Welt: Ein Märchenbuch, Fellbach, 1995

Stefan Woinoff: Überlisten Sie Ihr Beuteschema, München, 2007

Hermann Meyer veranstaltet in München und auf der Insel Frauenchiemsee regelmäßig Wohlfühl-Workshops, Zärtlichkeits-Workshops und Crashkurse zum Beziehungsführerschein.

Kontakt:
Partnership-Academy
Leitung: Hermann Meyer
Waldparkstraße 32 c
85521 Ottobrunn bei München
Telefon: 0 89/2 60 88 42 (9–13 Uhr)
e-Mail: info@partnership-academy.com

Anleitung zum Glücklichsein

**»Ein kleiner, feiner Führer, der uns den Weg
zu unserem Herzen weist.«** *Myway*

ISBN 978-3-453-63014-7
Auch als E-Book erhältlich

Warum sind manche Menschen zufriedener als andere? Was brauchen
wir wirklich zum Glück? Und wie gelingt es uns, trotz Krisen glücklich zu
sein? Auf der Suche nach Antworten konsultiert Glücksforscher Florian
Langenscheidt die großen Philosophen, enthüllt zum ersten Mal viel
Persönliches aus seinem eigenen Leben und berichtet von Menschen,
die trotz schwerer Schicksalsschläge wieder glücklich sein konnten.
Inspirierend und bereichernd!

Leseprobe unter **www.heyne.de**

HEYNE ‹

In der Ruhe liegt die Kraft

Bücher für ein entspanntes und schönes Leben